21世纪全国高等院校**财经管理**系列实用规划教材

会计学原理
习题与实验（第3版）

主　编　石启辉　刘爱香

内 容 简 介

本书由习题集、实验指导、实验附件和习题集参考答案 4 部分构成。本书遵循由书本到操作、由理论到实践的原则。习题内容按照教材的章节顺序，针对教材的重点和难点进行精心设计；实验部分特别重视会计理论与会计实务的有机结合，强调会计主管岗位、出纳岗位、总账报表岗位、明细账岗位及管理审批等环节的衔接、权利、责任及义务的关系，做到责权分明，提高工作效率。

本书既可以作为会计学及相关专业本科教学用书，也可以作为会计实务工作者或者自学会计学知识人士的参考用书。

图书在版编目(CIP)数据

会计学原理习题与实验/石启辉，刘爱香主编. —3 版. —北京：北京大学出版社，2015.8
（21 世纪全国高等院校财经管理系列实用规划教材）
ISBN 978-7-301-26162-0

Ⅰ. ①会… Ⅱ. ①石…②刘… Ⅲ. ①会计学—高等学校—习题集 Ⅳ. ①F230

中国版本图书馆 CIP 数据核字（2015）第 185042 号

书　　　名	会计学原理习题与实验（第 3 版）
著作责任者	石启辉　刘爱香　主编
责 任 编 辑	王显超
标 准 书 号	ISBN 978-7-301-26162-0
出 版 发 行	北京大学出版社
地　　　址	北京市海淀区成府路 205 号　100871
网　　　址	http://www.pup.cn　新浪微博：@北京大学出版社
电 子 信 箱	pup_6@163.com
电　　　话	邮购部 62752015　发行部 62750672　编辑部 62750667
印 刷 者	三河市博文印刷有限公司
经 销 者	新华书店
	787 毫米×1092 毫米　16 开本　12.25 印张　279 千字
	2007 年 9 月第 1 版
	2011 年 9 月第 2 版
	2015 年 8 月第 3 版　2018 年 1 月第 3 次印刷
定　　　价	30.00 元

未经许可，不得以任何方式复制或抄袭本书之部分或全部内容。
版权所有，侵权必究
举报电话：010-62752024　电子信箱：fd@pup.pku.edu.cn
图书如有印装质量问题，请与出版部联系，电话：010-62756370

21世纪全国高等院校财经管理系列实用规划教材

专家编审委员会

主 任 委 员 刘诗白

副主任委员（按拼音排序）

韩传模	李全喜	王宗萍
颜爱民	曾　旗	朱廷珺

顾　　　问（按拼音排序）

高俊山	郭复初	胡运权
万后芬	张　强	

委　　　员（按拼音排序）

程春梅	邓德胜	范　徵
冯根尧	冯雷鸣	黄解宇
李柏生	李定珍	李相合
李小红	刘志超	沈爱华
王富华	吴宝华	张淑敏
赵邦宏	赵　宏	赵秀玲

法律顾问 杨士富

丛 书 序

我国越来越多的高等院校设置了经济管理类学科专业,这是一个包括理论经济学、应用经济学、管理科学与工程、工商管理、公共管理、农林经济管理、图书馆、情报与档案管理 7 个一级学科门类和 31 个专业的庞大学科体系。2006 年教育部的数据表明,在全国普通高校中,经济类专业布点 1518 个,管理类专业布点 4328 个。其中除少量院校设置的经济管理专业偏重理论教学外,绝大部分属于应用型专业。经济管理类应用型专业主要着眼于培养社会主义国民经济发展所需要的德智体全面发展的高素质专门人才,要求既具有比较扎实的理论功底和良好的发展后劲,又具有较强的职业技能,并且又要求具有较好的创新精神和实践能力。

在当前开拓新型工业化道路,推进全面小康社会建设的新时期,进一步加强经济管理人才的培养,注重经济理论的系统化学习,特别是现代财经管理理论的学习,提高学生的专业理论素质和应用实践能力,培养出一大批高水平、高素质的经济管理人才,越来越成为提升我国经济竞争力、保证国民经济持续健康发展的重要前提。这就要求高等财经教育要更加注重依据国内外社会经济条件的变化,适时变革和调整教育目标和教学内容;要求经济管理学科专业更加注重应用、注重实践、注重规范、注重国际交流;要求经济管理学科专业与其他学科专业相互交融与协调发展;要求高等财经教育培养的人才具有更加丰富的社会知识和较强的人文素质及创新精神。要完成上述任务,各所高等院校需要进行深入的教学改革和创新,特别是要搞好有较高质量的教材的编写和创新工作。

出版社的领导和编辑通过对国内大学经济管理学科教材实际情况的调研,在与众多专家学者讨论的基础上,决定编写和出版一套面向经济管理学科专业的应用型系列教材,这是一项有利于促进高校教学改革发展的重要措施。

本系列教材是按照高等学校经济类和管理类学科本科专业规范、培养方案,以及课程教学大纲的要求,合理定位,由长期在教学第一线从事教学工作的教师编写,立足于 21 世纪经济管理类学科发展的需要,深入分析经济管理类专业本科学生现状及存在的问题,探索经济管理类专业本科学生综合素质培养的途径,以科学性、先进性、系统性和实用性为目标,其编写的特色主要体现在以下几个方面:

(1) 关注经济管理学科发展的大背景,拓宽理论基础和专业知识,着眼于增强教学内容与实际的联系和应用性,突出创造能力和创新意识。

(2) 体系完整、严密。系列涵盖经济类、管理类相关专业以及与经管相关的部分法律类课程,并把握相关课程之间的关系,整个系列丛书形成一套完整、严密的知识结构体系。

(3) 内容新颖。借鉴国外最新的教材,融会当前有关经济管理学科的最新理论和实践经验,用最新知识充实教材内容。

(4) 合作交流的成果。本系列教材是由全国上百所高校教师共同编写而成,在相互进行学术交流、经验借鉴、取长补短、集思广益的基础上,形成编写大纲。最终融合了各地特点,具有较强的适应性。

（5）案例教学。教材融入了大量案例研究分析内容，让学生在学习过程中理论联系实际，特别列举了我国经济管理工作中的大量实际案例，这可大大增强学生的实际操作能力。

（6）注重能力培养。力求做到不断强化自我学习能力、思维能力、创造性解决问题的能力以及不断自我更新知识的能力，促进学生向着富有鲜明个性的方向发展。

作为高要求，经济管理类教材应在基本理论上做到以马克思主义为指导，结合我国财经工作的新实践，充分汲取中华民族优秀文化和西方科学管理思想，形成具有中国特色的创新教材。这一目标不可能一蹴而就，需要作者通过长期艰苦的学术劳动和不断地进行教材内容的更新才能达成。我希望这一系列教材的编写，将是我国拥有较高质量的高校财经管理学科应用型教材建设工程的新尝试和新起点。

我要感谢参加本系列教材编写和审稿的各位老师所付出的大量卓有成效的辛勤劳动。由于编写时间紧、相互协调难度大等原因，本系列教材肯定还存在一些不足和错漏。我相信，在各位老师的关心和帮助下，本系列教材一定能不断地改进和完善，并在我国大学经济管理类学科专业的教学改革和课程体系建设中起到应有的促进作用。

刘诗白

刘诗白　现任西南财经大学名誉校长、教授、博士生导师，四川省社会科学联合会主席，《经济学家》杂志主编，全国高等财经院校《资本论》研究会会长，学术团体"新知研究院"院长。

第3版前言

本书是《会计学原理(第3版)》(北京大学出版社，2015年9月出版)的配套习题集。

本书由习题集、实验指导、实验附件和习题集参考答案4部分构成。本书遵循由书本到操作、由理论到实践的原则，通过学习训练可以巩固和提高教学效果。习题内容按照教材的章节顺序，针对教材的重点和难点进行精心设计，突出应用型人才培养所必需的基本理论知识。实验部分特别重视会计理论与会计实务的有机结合，强调会计主管岗位、出纳岗位、总账报表岗位、明细账岗位及管理审批等环节的衔接、权利、责任及义务的关系，做到责权分明，提高工作效率。

本书以《会计法》《会计基础工作规范》《企业会计准则——应用指南》等为指导，对会计凭证、会计账簿、会计报表等，在格式和使用上进行了规范操作。并结合《会计学原理》的基本方法和基本理论，以提高学生的动手能力、分析能力和创新能力。通过实验，学生可直接进入会计职业角色，模拟手工操作会计核算的全过程，为应对会计信息化打下扎实的基础。

本书由石启辉负责修订，刘爱香最后审定。本书第1、2部分由石启辉编写，第3、4部分由刘爱香编写。

由于编者水平有限，不当之处在所难免，恳请广大读者多提宝贵意见。

编　者

2015年8月

目 录

第1部分 习题集 1

第1章 总论 1
第2章 会计的基本概念 4
第3章 会计科目与复式记账 9
第4章 借贷记账法的具体运用 16
第5章 会计凭证 23
第6章 会计账簿 28
第7章 财产清查 32
第8章 账务处理程序 36
第9章 财务会计报告 40
第10章 会计工作的管理与组织 45

第2部分 实验指导 48

实验一 建账 48
一、建账的目的 48
二、建账的要求及注意事项 48
三、建账的步骤 49
四、建账的资料 51

实验二 填制会计凭证 55
一、填制会计凭证的目的 55
二、填制会计凭证的要求及注意事项 55
三、填制会计凭证的步骤 58
四、填制会计凭证的资料 59

实验三 登记会计账簿 121
一、登记会计账簿的目的 121
二、登记会计账簿的要求及注意事项 121
三、登记会计账簿的步骤 122
四、登记会计账簿的资料 123

实验四 对账与结账 124
一、对账与结账的目的 124
二、对账与结账的要求及注意事项 124
三、对账与结账的步骤 125
四、对账与结账的资料 126

实验五 编制会计报表 128
一、编制会计报表的目的 128

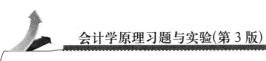

  二、编制会计报表的要求及注意事项 128
  三、编制会计报表的步骤 129
  四、编制会计报表的资料 130
 实验六 管理会计档案 133
  一、管理会计档案的目的 133
  二、管理会计档案的要求及注意事项 133
  三、管理会计档案的步骤 136
  四、管理会计档案的资料 137

第3部分 实验附件 139
 一、收款凭证 139
 二、付款凭证 140
 三、转账凭证 140
 四、现金日记账 141
 五、银行存款日记账 142
 六、总账 143
 七、数量金额式明细账 144
 八、生产成本明细账 145
 九、多栏式明细账 146
 十、应交增值税明细账 148
 十一、固定资产明细账 150

第4部分 习题集参考答案 151
 第1章 总论 151
 第2章 会计的基本概念 151
 第3章 会计科目与复式记账 153
 第4章 借贷记账法的具体运用 156
 第5章 会计凭证 165
 第6章 会计账簿 169
 第7章 财产清查 170
 第8章 账务处理程序 171
 第9章 财务会计报告 180
 第10章 会计工作的管理与组织 183

参考文献 185

第1部分 习题集

第1章 总　论

一、简答题

1．简述会计的内涵。
2．会计方法包括哪些？
3．会计的职能有哪些？其基本职能是什么？

二、单项选择题

1．会计的基本职能是(　　)。
　　A．记录和计算　　　　　　　　B．考核收支
　　C．核算和监督　　　　　　　　D．分析和考核
2．会计对象是基层企事业单位或组织发生的(　　)，这种活动具体表现为资金或资本的运动。
　　A．全部经济活动　　　　　　　B．经货币表现的经济活动
　　C．商品运动　　　　　　　　　D．实物资产的运动
3．企业的会计核算处理程序和会计处理方法前后各期应当保持一致，不得随意变更是体现(　　)的要求。
　　A．可比性　　　　　　　　　　B．一贯性
　　C．配比性　　　　　　　　　　D．真实性
4．强调经营成果计算的企业适用于采用(　　)作为记账基础。
　　A．权责发生制　　　　　　　　B．收付实现制
　　C．永续盘存制　　　　　　　　D．实地盘存制

5. 企业按照交易或事项的经济实质进行会计核算，遵循的标准是(　　)。
   A．权责发生制　　　　　　　　　B．配比
   C．实质重于形式　　　　　　　　D．可靠性
6. 会计信息最高层次的质量特征是(　　)。
   A．决策有用性　　　　　　　　　B．信息相关性
   C．信息可靠性　　　　　　　　　D．信息可比性
7. 会计监督主要是通过(　　)来进行的。
   A．实物量指标　　　　　　　　　B．劳动量指标
   C．价值量指标　　　　　　　　　D．数量指标
8. 配比原则是指(　　)。
   A．收入与费用相互配比　　　　　B．收入与成本相互配比
   C．收入与支出配比　　　　　　　D．收入与其相关的成本费用配比

三、多项选择题

1. 根据权责发生制原则，应计入本期的收入和费用的有(　　)。
   A．本期实现的收入，并已收款　　B．本期实现的收入，尚未收款
   C．属于本期的费用，尚未支付　　D．属于以后各期的费用，但已支付
2. 根据收付实现制原则，应计入本期的收入和费用的有(　　)。
   A．本期实现的收入，并已收款　　B．本期实现的收入，尚未收款
   C．属于本期的费用，尚未支付　　D．属于以后各期的费用，但已支付
3. 会计信息决策有用性的首要质量特征包括(　　)。
   A．可比性　　　　　　　　　　　B．相关性
   C．可靠性　　　　　　　　　　　D．重要性
4. 会计信息的使用者有(　　)。
   A．投资者　　　　　　　　　　　B．债权人
   C．政府　　　　　　　　　　　　D．供应商
5. 会计核算的一般程序包括(　　)。
   A．会计确认　　　　　　　　　　B．会计计量
   C．会计记录　　　　　　　　　　D．会计报告
6. 下列可以作为一个会计主体进行会计核算的组织有(　　)。
   A．独资企业　　　　　　　　　　B．企业的生产部门
   C．子公司　　　　　　　　　　　D．分公司
7. 企业发生的下列经济业务中，属于资金退出企业的有(　　)。
   A．购买原材料　　　　　　　　　B．偿还银行借款
   C．缴纳所得税的费用　　　　　　D．向投资者支付库存现金股利
8. 会计核算方法包括(　　)。
   A．设置会计账户　　　　　　　　B．清查财产
   C．编制会计报表　　　　　　　　D．复式记账

9．会计信息的可靠性主要取决于( )。
    A．可核性   B．中立性
    C．真实性   D．及时性

四、判断题

1．会计对于经济活动过程和结果的数量反映，可采用的量度只有一种，即货币计量。
                                                              ( )
2．会计目标会随着社会经济环境的变化而不同。   ( )
3．收入与费用配比也就是费用要由收入补偿。   ( )
4．我国会计年度自公历 1 月 1 日起至 12 月 31 日止。   ( )
5．会计核算所提供的信息是制定决策的唯一有效信息。   ( )
6．一般地说，会计期间划分的愈短，反映经济活动的会计信息质量就愈可靠。
                                                              ( )
7．在我国企业会计核算中，只允许采用人民币作为记账本位币。 ( )
8．会计的方法就是指会计核算的方法。   ( )

第 2 章　会计的基本概念

一、简答题

1. 会计的基本假设有哪些？
2. 会计信息的质量要求包括哪些方面？
3. 什么是静态的会计要素？什么是动态的会计要素？

二、单项选择题

1. 企业以银行存款偿还所欠购货款，属于(　　)类型变化业务。
   A．资产项目之间此增彼减　　　　B．权益项目之间此增彼减
   C．资产项目和权益项目同增　　　D．资产项目和权益项目同减
2. 下列经济业务的发生不会使会计等式两边总额发生变化的有(　　)。
   A．收到应收账款存入银行
   B．从银行取得借款存入银行
   C．收到投资者以固定资产进行的投资
   D．以银行存款偿还应付账款
3. 下列经济业务的发生会使资产和权益项目同时增加的是(　　)。
   A．生产产品领用材料
   B．以库存现金发放职工工资
   C．把收到的购买单位预付的购货款存入银行
   D．以资本公积转增资本
4. 下列属于资产要素项目的有(　　)。
   A．应收账款　　　　　　　　　　B．预收账款
   C．实收资本　　　　　　　　　　D．主营业务成本
5. 下列项目属于流动负债的有(　　)。
   A．预付账款　　　　　　　　　　B．短期借款
   C．应付债券　　　　　　　　　　D．盈余公积
6. 资产与权益的平衡关系是指(　　)。
   A．一项资产金额与一项权益金额的相等关系
   B．几项资产金额与一项权益金额的相等关系
   C．资产总额与所有者权益总额的相等关系
   D．资产总额与权益总额的相等关系
7. 下列项目中属于流动负债的有(　　)。
   A．预收账款　　　　　　　　　　B．应收账款
   C．资本公积　　　　　　　　　　D．商标权

8．按我国会计要素的划分，营业外收入归属的会计要素是( )。
   A．收入　　　　　　　　　　B．所有者权益
   C．利润　　　　　　　　　　D．资产
9．某企业本期期初资产总额为 1 500 000 元，本期期末负债总额减少了 200 000 元，所有者权益比期初增加了 400 000 元，则该企业本期期末资产总额是( )元。
   A．1 300 000　　　　　　　　B．1 700 000
   C．1 900 000　　　　　　　　D．1 500 000
10．所有者权益总额等于( )。
   A．流动资产总额减去流动负债总额
   B．资产总额减去负债总额
   C．长期资产总额减去负债总额
   D．资产总额减去流动负债总额
11．在会计核算基本前提中，确定会计核算空间范围的是( )。
   A．会计主体　　　　　　　　B．持续经营
   C．会计分期　　　　　　　　D．货币计量
12．会计分期这一前提是从( )引申出来的。
   A．会计主体　　　　　　　　B．持续经营
   C．货币计量　　　　　　　　D．权责发生制

三、多项选择题

1．收入的取得会引起( )。
   A．负债的增加　　　　　　　B．资产的增加
   C．负债的减少　　　　　　　D．资产的减少
2．下列属于流动资产的项目有( )。
   A．应收账款　　　　　　　　B．预收账款
   C．预付账款　　　　　　　　D．应付账款
3．下列经济业务的发生，使资产与权益项目同时减少的有( )。
   A．收到短期借款存入银行　　B．以银行存款偿还应付账款
   C．以银行存款支付预提费用　D．以库存现金发放工资
4．"资产=负债+所有者权益"这一会计等式是( )的理论依据。
   A．设置账户　　　　　　　　B．复式记账
   C．编制资产负债表　　　　　D．成本计算
5．下列属于所有者权益要素的项目有( )。
   A．应交税费　　　　　　　　B．实收资本
   C．盈余公积　　　　　　　　D．未分配利润
6．下列属于反映企业财务状况的会计要素有( )。
   A．资产　　　　　　　　　　B．负债
   C．所有者权益　　　　　　　D．收入

7. 下列各项中属于资产要素特征的有( )。
   A. 由过去的交易、事项形成   B. 由企业拥有或控制
   C. 本质是一种经济资源   D. 必须是有形的经济资源
8. 下列各项可作为负债要素特征的有( )。
   A. 由过去的交易或事项引起的偿还义务
   B. 由将来的交易或事项引起的偿还义务
   C. 清偿负债会导致经济利益流出企业
   D. 负债的清偿一定要有确切的金额
9. 下列说法中不会使"资产=负债+所有者权益"这一会计等式两边总额发生变动的是( )。
   A. 资产内部项目有增有减
   B. 资产和负债项目同增同减
   C. 负债和所有者权益项目有增有减
   D. 资产和所有者权益项目同增同减
10. 下列资产项目和权益项目之间的变动符合资金运动规律的有( )。
    A. 资产某项目增加与权益某项目减少
    B. 资产某项目减少与权益某项目增加
    C. 资产方某项目增加而另一项目减少
    D. 权益方某项目增加而另一项目减少
11. 会计核算的基本前提包括( )。
    A. 会计主体   B. 持续经营
    C. 会计分期   D. 货币计量

四、判断题

1. 资产是企业所拥有或者控制的，能以货币计量并具有实物形态的经济资源。 ( )
2. 某一财产物资要成为企业的资产，其所有权必须属于企业。 ( )
3. 收入可能表现为资产的增加，但并非所有资产的增加都是收入。 ( )
4. 从本质上说费用就是资产的转化形式，是企业总资产的耗费。 ( )
5. 不论发生什么样的经济业务，会计等式两边会计要素总额的平衡关系都不会被破坏。 ( )
6. 会计等式揭示了会计要素之间的联系，因而它是设置账户、复式记账和编制会计报表等会计核算方法建立的理论依据。 ( )
7. 所有者权益也是一个独立的会计要素。 ( )
8. 企业出售生产设备而获得的经济利益流入，应确认为会计上的收入要素入账。 ( )
9. 费用的发生必然表现为企业资产的减少。 ( )
10. 在任何时点，不但资产总额和权益总额保持相等，而且资产项目与权益项目也始终保持着一一对应关系。 ( )

11．货币计量包含着币值稳定的假设。　　　　　　　　　　　　　（　　）

12．会计主体都应是法律主体。　　　　　　　　　　　　　　　　（　　）

五、核算题

习　题　一

【目的】 划分会计要素，熟悉会计等式。

【资料】 中州公司 201×年 5 月 31 日有关资料如下。

(1) 出纳保管的库存现金 1 500 元。

(2) 存放在银行里的款项 120 000 元。

(3) 向银行借入 3 个月的款项 100 000 元。

(4) 仓库里存放的原材料 519 000 元。

(5) 仓库里存放的已完工产品 194 000 元。

(6) 正在加工中的产品 75 500 元。

(7) 应付外单位货款 150 000 元。

(8) 向银行借入 3 年期以上的借款 180 000 元。

(9) 房屋及建筑物 1 420 000 元。

(10) 所有者投入的资本 3 300 000 元。

(11) 机器设备 2 300 000 元。

(12) 应收外单位货款 250 000 元。

(13) 本年累计实现的 420 000 元。

(14) 以前年度实现的未分配利润 550 000 元。

(15) 购买的专利权 350 000 元。

(16) 提取的盈余公积 530 000 元。

【要求】 判断上列资料中各项目所属的会计要素，并将各项目的金额一并填入表中，计算表内资产总额、负债总额、所有者权益总额是否符合"资产=负债+所有者权益"这一基本会计等式。

业务序号	会计要素及金额		
	资　产	负　债	所有者权益
(1)			
(2)			
(3)			
⋮			
(N)			
合　计			

习 题 二

【目的】熟悉经济业务类型。

【资料】运河公司201×年5月31日资产总额为780 000元,6月份发生下列经济业务。

(1) 收到甲投资者交来转账支票一张,金额200 000元,作为其追加投资。
(2) 购入设备一批,支付价款130 000元。
(3) 向大众工厂赊购材料一批,价值12 000元。
(4) 收回销货款68 000元存入银行。
(5) 归还银行短期借款10 000元。
(6) 支付给甲投资者应得的库存现金股利1 000元。
(7) 用银行存款28 000元上缴税金。
(8) 接受捐赠设备一台,价值30 000元。
(9) 经批准,将40 000元盈余公积金转增资本。
(10) 将销售商品取得的50 000元收入存入银行。

【要求】分析上述经济业务,并说明其分别属于哪种经济业务类型以及对资产总额、会计等式的影响。

习 题 三

【目的】练习权责发生制和收付实现制下收入和费用的确定。

【资料】和平公司201×年5月份经济业务如下。

(1) 收到上月产品销售货款5 000元。
(2) 销售产品78 000元,其中54 000元已收到现款,并存入银行,其余货款尚未收到。
(3) 预收销货款32 000元。
(4) 支付第一季度借款利息共计3 600元。
(5) 支付本月份的水电费2 400元。
(6) 本月提供劳务收入2 600元,并存入银行。
(7) 预付下一季度房租3 600元。
(8) 年初已支付全年财产保险费14 400元,由各月平均负担。
(9) 上月预收货款的产品本月已发出,实现收入23 000元。
(10) 预计下月发生大修理支出8 000元,本月应负担2 000元。

【要求】分别用权责发生制和收付实现制,列表计算和平公司201×年5月份的收入、费用和毛利(最低要掌握权责发生制的处理过程)。

第3章　会计科目与复式记账

一、简答题

1. 复式记账法包括的内容有哪些？
2. 借贷记账法的记账规则是什么？
3. 会计科目与会计账户之间有什么联系？

二、单项选择题

1. 账户结构通常分为(　　)。
   A．左右两方　　　　　　　　B．上下两部分
   C．发生额、余额两部分　　　D．前后两部分
2. 会计科目是(　　)。
   A．会计要素的名称　　　　　B．会计报表的项目名称
   C．账簿的名称　　　　　　　D．会计账户的名称
3. (　　)总分类账户可以不设置明细分类账户。
   A．应交税费　　　　　　　　B．所得税费用
   C．原材料　　　　　　　　　D．实收资本
4. 按用途和结构分类，"应收账款"账户属于(　　)账户。
   A．资产类　　　　　　　　　B．结算类
   C．财务成果类　　　　　　　D．资本类
5. "本年利润"账户按用途和结构分类应属于(　　)账户。
   A．所有者权益类　　　　　　B．财务成果类
   C．抵减调整类　　　　　　　D．资本类
6. 按经济内容分类，"资本公积"账户属于(　　)账户。
   A．资本类　　　　　　　　　B．资产类
   C．所有者权益类　　　　　　D．负债类
7. 当调整账户余额与被调整账户的余额在不同的方向时，应属于(　　)。
   A．附加调整账户　　　　　　B．抵减调整账户
   C．抵减附加调整账户　　　　D．资产抵减账户
8. 下列说法错误的是(　　)。
   A．抵减账户与其被抵减账户反映的经济内容相同
   B．抵减账户与其被抵减账户反映的经济内容不一定相同
   C．抵减账户不能离开被抵减账户而独立存在
   D．有抵减账户一定有被抵减账户

9. 按用途和结构分类,"库存商品"账户属于( )账户。
   A．资产类   B．盘存类
   C．结算类   D．调整类
10. 债权债务结算账户的借方余额或贷方余额只是表示( )。
    A．债权和债务的实际余额   B．债权和债务增减变动后的差额
    C．债权和债务增加变动后的差额 D．债权和债务减少变动后的差额
11. 复式记账法要求对每项经济业务都已相等的金额,在( )中进行登记。
    A．一个账户   B．两个账户
    C．全部账户   D．两个或两个以上账户
12. 通过复式记账可以了解每一项经济业务的( )。
    A．合理性   B．合法性
    C．来龙去脉   D．经济业务类型
13. 在借贷记账法下,账户的借方登记( )。
    A．资产的增加   B．资产的减少
    C．负债的增加   D．收入的增加
14. 某一账户期初余额在借方,期末余额在贷方,表明( )。
    A．该账户的性质未变
    B．该账户已从期初的资产变为期末的负债
    C．该账户已从期初的负债变为期末的资产
    D．该账户既不属于资产类,也不属于负债类
15. 资产类账户的期末余额应在( )。
    A．账户的借方   B．账户的贷方
    C．有时在借方,有时在贷方 D．以上答案都对
16. 对于收入类账户,下列说法中正确的是( )。
    A．借方登记收入的减少数   B．借方登记收入的增加数
    C．如有余额在借方,属于资产 D．如有余额在贷方,属于负债
17. 存在对应关系的账户称为( )。
    A．性质相同账户   B．对应账户
    C．联系账户   D．平衡账户
18. 标明某项经济业务应借、应贷账户名称及其金额的记录形式称为( )。
    A．记账凭证   B．记账方法
    C．会计分录   D．会计方法
19. 下列账户中,( )属于虚账户。
    A．应付账款   B．固定资产
    C．管理费用   D．短期借款
20. 在借贷记账法下,发生额试算平衡法试算平衡的依据是( )。
    A．会计等式   B．借贷记账规则
    C．业务变化类型   D．借贷账户结构

三、多项选择题

1. 账户的基本结构，一般应包括的内容有(   )。
   A．账户名称　　　　　　　　　　B．日期和摘要
   C．凭证种类和号数　　　　　　　D．增加、减少的金额及余额
2. 下列符合我国会计制度统一规定会计账户名称的是(   )。
   A．库存现金　　　　　　　　　　B．固定资产
   C．存货　　　　　　　　　　　　D．专利权
3. 按用途和结构分类，下列账户中属于盘存账户的有(   )。
   A．原材料　　　　　　　　　　　B．库存商品
   C．实收资本　　　　　　　　　　D．生产成本
4. 按经济内容分类，下列账户属于收益类账户的是(   )。
   A．主营业务收入　　　　　　　　B．投资收益
   C．本年利润　　　　　　　　　　D．其他业务收入
5. 会计账户按提供指标详细程度可分为(   )。
   A．总分类账户　　　　　　　　　B．明细分类账户
   C．资产类账户　　　　　　　　　D．调整类账户
6. 下列账户是按用途和结构分类的类别是(   )。
   A．所有者权益类账户　　　　　　B．资本类账户
   C．跨期摊配类账户　　　　　　　D．调整类账户
7. 下列账户中，属于调整账户的是(   )。
   A．固定资产　　　　　　　　　　B．累计折旧
   C．利润分配　　　　　　　　　　D．坏账准备
8. 下列账户中，只提供核算价值指标的有(   )。
   A．资产类账户　　　　　　　　　B．资本类账户
   C．集合汇转账户　　　　　　　　D．跨期摊配账户
9. 按照被调整账户的性质，抵减账户又可分为(   )两类。
   A．资产抵减账户　　　　　　　　B．权益抵减账户
   C．收入抵减账户　　　　　　　　D．费用抵减账户
10. 下列属于债权结算账户的有(   )。
    A．应收账款　　　　　　　　　　B．应付账款
    C．预付账款　　　　　　　　　　D．其他应收款
11. 在借贷记账法下，账户的借方登记(   )。
    A．资产的增加　　　　　　　　　B．费用的增加
    C．收入的增加　　　　　　　　　D．所有者权益的增加
12. 在借贷记账法下，期末结账后，一般有余额的账户有(   )。
    A．资产类账户　　　　　　　　　B．负债类账户
    C．所有者权益类账户　　　　　　D．收入类账户

13．编制会计分录时，必须考虑(　　)。
   A．经济业务发生涉及的会计要素是增加还是减少
   B．在账簿中登记借方还是贷方
   C．登记在哪些账户的借方还是贷方
   D．账户的余额是在贷方还是在借方

14．复合会计分录有(　　)。
   A．一借多贷   B．一贷多借
   C．多借多贷   D．一借一贷

15．下列借贷记账法试算平衡公式正确的有(　　)。
   A．资产账户借方发生额合计=负债账户贷方发生额合计
   B．全部账户的本期借方发生额合计=全部账户的本期贷方发生额合计
   C．全部账户借方期末余额合计=全部账户贷方期末余额合计
   D．资产账户借方发生额合计=资产账户贷方发生额合计

16．下列错误中(　　)不能通过试算平衡发现。
   A．某项经济业务未登记入账
   B．只登记借方金额，未登记贷方金额
   C．应借应贷的账户中借贷方向相反
   D．借贷双方同时多记或少记了相等的金额

17．借贷记账法的基本内容包括(　　)。
   A．记账符号   B．记账规则
   C．账户结构   D．试算平衡

18．会计分录必须具备的要素包括(　　)。
   A．记账方向   B．记账时间
   C．账户名称   D．记账金额

19．复式记账法的优点有(　　)。
   A．设置完整的账户体系，全面反映经济业务内容
   B．账户对应关系清楚，能清晰地反映经济业务的来龙去脉
   C．便于进行试算平衡，以检查账户记录是否正确
   D．比单式记账法简单而完整

20．下列账户内部关系中，正确的有(　　)。
   A．资产类账户期末借方余额=借方期初余额+借方本期发生额-贷方本期发生额
   B．资产类账户期末借方余额=借方期初余额+贷方本期发生额-借方本期发生额
   C．负债和所有者权益类账户期末贷方余额=贷方期初余额+贷方本期发生额-借方本期发生额
   D．负债和所有者权益类账户期末贷方余额=贷方期初余额+借方本期发生额-贷方本期发生额

四、判断题

1．会计账户具有独立性和排他性。　　　　　　　　　　　　　　　　　　　　(　　)

2．总分类账户是进行总分类核算的依据，所提供的是总括指标或信息，因而除用货币量度外，也可用实物量度。（ ）

3．在我国，企业的总分类账户和明细分类账户都应根据国家所制定的有关会计制度设置。（ ）

4．所有账户的左边均记录增加额，右边均记录减少额。（ ）

5．按用途和结构分类，"实习资本"账户和"本年利润"账户同属于资本类账户。（ ）

6．按经济内容分类，"生产成本"账户属于成本类账户，但期末若有余额，则该账户也具有资产的性质。（ ）

7．在账户中要反映被调整账户和调整账户的相减关系，必须按相同方向记账。（ ）

8．被调整账户余额的方向与备抵账户的余额方向必定相反。（ ）

9．调整账户可以独立存在。（ ）

10．通常，各类账户的期末余额与记录增加额的一方在同一方向。（ ）

11．资产类账户和费用类账户的结构相同，一般都有余额，且均在借方。（ ）

12．运用复式记账法记账时，必须做到"有借必有贷，借贷必相等"。（ ）

13．运用借贷记账法编制会计分录时，不管是一贷多借，还是一借一贷，借贷方的金额肯定是相等的。（ ）

14．通过试算平衡表可检查账户记录是否正确，如果借贷平衡，就说明记账没有错误。（ ）

15．所有账户期末借方余额合计一定等于期末贷方余额合计。（ ）

16．复式记账法可以反映经济业务的来龙去脉。（ ）

17．若"库存商品"账户期初余额为 81 000 元，贷方本期发生额为 93 000 元，借方本期发生额为 45 000 元，则该账户的期末余额为 129 000 元。（ ）

18．对于不同性质的账户，借贷的含义有所不同。（ ）

19．记账时，借贷方向记反可以通过试算平衡查找出来。（ ）

20．借、贷二字不仅作为记账符号，其本身的含义也应考虑。（ ）

五、核算题

习 题 一

【**目的**】分析会计账户的名称及其所归属的会计要素。

【**资料**】AA 公司 201×年 6 月 30 日有关财务内容如下。

(1) 由出纳人员保管的款项 500 元。

(2) 存放在银行里的款项 140 000 元。

(3) 向银行借入 6 个月的款项 180 000 元。

(4) 仓库中存放的材料 380 000 元。

(5) 仓库中存放的已完工产品 60 000 元。

(6) 正在加工中的产品 75 000 元。

(7) 向银行借入一年以上期限的借款 720 000 元。

(8) 房屋及建筑物 2 400 000 元。

(9) 所有者投入的资本 2 360 000 元。

(10) 机器设备 750 000 元。

(11) 应收外单位的货款 125 000 元。

(12) 应付给外单位的材料款 120 000 元。

(13) 以前年度积累的未分配利润 220 000 元。

(14) 欠交的税金 60 000 元。

(15) 采购员预借的差旅费 4 500 元。

(16) 本月实现的利润 140 000 元。

(17) 运输部门运货用的卡车 80 000 元。

(18) 专利权一项 220 000 元。

(19) 提取的职工福利费 100 000 元。

(20) 客户预付的购货款 15 000 元。

(21) 欠投资者的利润 200 000 元。

(22) 以前年度提取的盈余公积金 120 000 元。

【要求】

(1) 判断上列各财务事项的账户名称及所属的会计要素,将结果填入下表。

(2) 计算该公司的资产总额、负债总额和所有者权益总额,将结果填入下表。

单位:元

序号	项目	账户名称	会计要素		
			资产	负债	所有者权益
(1)					
(2)					
(3)					
⋮					
(N)					
总计					

习 题 二

【目的】熟练掌握账户的结构及试算平衡。

【资料】京津公司 201×年 7 月份各账户的有关资料见下表。

单位:元

账户名称	期初余额		本期发生额		期末余额	
	借方	贷方	借方	贷方	借方	贷方
库存现金	950		4 360	( )	960	
银行存款	2 690		( )	7 460	( )	

续表

账户名称	期初余额		本期发生额		期末余额	
	借　方	贷　方	借　方	贷　方	借　方	贷　方
应收账款	（　）		（　）	18 400	0	
原材料	5 000		1 720	（　）	4 100	
固定资产	（　）		5 000	0	10 400	
短期借款		（　）	2 000	0		0
应付账款		3 700	4 400	（　）		2 000
应付票据		（　）	4 000	2 600		3 600
实收资本		20 000	0	（　）		20 000
合　　计	（　）	（　）	（　）	（　）	（　）	（　）

【要求】根据上述资料，将正确的数字填入括号内。

习　题　三

【目的】练习借贷记账法。

【资料】戴玉公司201×年7月份发生下列经济业务。

(1) 用银行存款支付本月办公用房屋租金2 000元。

(2) 向银行借入半年期限的借款100 000元，并存入银行存款户。

(3) 收到国家投资200 000元，并存入银行存款户。

(4) 赊购设备一台370 000元。

(5) 偿还上月所欠部分货款58 000元。

(6) 从银行存款户中提取库存现金789 765元，备发工资。

(7) 用银行存款购入材料一批66 700元，材料已入库。

(8) 本月销售产品取得收入共计294 560元，款项已存入银行。

(9) 用银行存款支付本月份水电费2 300元。

(10) 支付短期银行借款利息2 600元。

(11) 收到客户偿还上月所欠货款54 000元，并存入银行。

(12) 用库存现金发放职工工资96 750元。

(13) 计提本月行政办公用设备折旧费500元。

(14) 开出支票支付本月电话费700元。

(15) 用银行存款上缴所得税费用5 000元。

【要求】根据上列资料编制会计分录。

第4章 借贷记账法的具体运用

一、简答题

1. 工业企业特别是制造企业会计核算包括哪些环节？
2. 制造企业生产环节会计核算涉及的会计科目有哪些？
3. 工业企业与一般企业会计核算区别体现在哪些方面？

二、单项选择题

1. 企业收到投资人投入的资本时，应贷记(　　)账户。
   A．银行存款　　　　　　　　B．实收资本
   C．固定资产　　　　　　　　D．原材料
2. 在权责发生制下，对于预付的下半年保险费应使用(　　)账户核算。
   A．应收账款　　　　　　　　B．预付账款
   C．财务费用　　　　　　　　D．预收账款
3. 在权责发生制下，企业预收的货款应作为(　　)处理。
   A．本期收入　　　　　　　　B．预收账款
   C．本期资产　　　　　　　　D．下期收入
4. 管理费用账户期末应(　　)。
   A．有借方余额　　　　　　　B．有贷方余额
   C．有借方余额或贷方余额　　D．无余额
5. 企业结转入库材料的实际采购成本时，应借记(　　)账户。
   A．材料采购　　　　　　　　B．原材料
   C．生产成本　　　　　　　　D．制造费用
6. 企业购入不需要安装的设备一台，所支付的买价和增值税额分别为 25 000 元和 4 250 元，另支付运杂费 500 元，包装费 100 元，该设备取得的实际成本为(　　)元。
   A．25 000　　　　　　　　　B．25 600
   C．29 250　　　　　　　　　D．29 850
7. 期末计提固定资产折旧时，应贷记(　　)账户。
   A．管理费用　　　　　　　　B．制造费用
   C．生产成本　　　　　　　　D．累计折旧
8. 期末按规定税率计算本期应交消费税时，应借记(　　)账户。
   A．主营业务成本　　　　　　B．营业税金及附加
   C．所得税费用　　　　　　　D．应交税费
9. 年终结转后，"利润分配"账户的贷方余额表示(　　)。
   A．实现的利润　　　　　　　B．发生的亏损
   C．未分配利润　　　　　　　D．未弥补亏损

10. 企业的各项罚款支出应计入( )。
    A. 主营业务成本   B. 其他业务成本
    C. 营业外支出   D. 期间费用

三、多项选择题

1. 制造企业的主要经济业务包括( )。
    A. 资金筹集业务   B. 购进业务
    C. 生产和销售业务   D. 利润形成及分配业务
2. 购进业务核算应设置的账户一般有( )。
    A. 银行存款   B. 预收账款
    C. 应付账款   D. 原材料
3. "生产成本"账户的借方登记( )。
    A. 直接材料   B. 直接工资
    C. 折旧费用   D. 分配计入的制造费用
4. 企业预付下半年报刊杂志费,可通过( )账户核算。
    A. 预付账款   B. 应收账款
    C. 报刊费   D. 财务费用
5. 与"主营业务收入"账户贷方发生对应关系的账户一般有( )。
    A. 银行存款   B. 应付账款
    C. 应收账款   D. 预收账款
6. 期末转入"本年利润"账户借方的发生额有( )账户。
    A. 管理费用   B. 主营业务成本
    C. 所得税费用   D. 制造费用
7. 下列属于营业外支出的有( )。
    A. 固定资产盘亏   B. 处置固定资产净损失
    C. 罚款支出   D. 非常损失
8. 制造企业应计入产品成本的项目有( )。
    A. 直接材料费   B. 直接人工费
    C. 制造费用   D. 管理费用
9. 下列可通过"财务费用"账户核算的有( )。
    A. 借款利息支出   B. 存款利息收入
    C. 银行手续费   D. 国债利息收入
10. 制造企业利润分配的主要内容包括( )。
    A. 提取职工福利费   B. 提取盈余公积金
    C. 向投资者分配利润   D. 上缴所得税费用

四、判断题

1. 企业预付的固定资产修理费,应从预提费用中列支。 ( )
2. "材料采购"账户如有借方余额,表示款已付,尚未运达企业或已运达企业但尚未验收入库的材料采购的实际采购成本。 ( )

3. "生产成本"账户的借方余额,表示期末结存产成品的数额。　　　　　　　(　)

4. 在年度中间,"本年利润"账户的期末余额在贷方,表示截至本期企业累计实现的利润总额。　　　　　　　　　　　　　　　　　　　　　　　　　　　　(　)

5. "营业外收入"账户期末一般无余额。　　　　　　　　　　　　　　　　(　)

6. "制造费用"账户的借方发生额应于期末转入"本年利润"账户,结转后该账户无余额。　　　　　　　　　　　　　　　　　　　　　　　　　　　　(　)

7. 营业利润是由主营业务利润减去期间费用加上营业外收入后确定的。　　(　)

8. "应付职工薪酬"账户的期末贷方余额,表示本月应付职工薪酬大于实际支付的工资数,即应付未付的工资。　　　　　　　　　　　　　　　　　　　　(　)

9. "所得税费用"账户属于负债类账户。　　　　　　　　　　　　　　　　(　)

10. 5月31日,"本年利润"账户有贷方余额250 000元,表示5月份实现的净利润。
　　　　　　　　　　　　　　　　　　　　　　　　　　　　　　　　　　(　)

五、核算题

习 题 一

【目的】练习资金筹集业务核算。

【资料】CC公司201×年7月份发生下列筹资业务。

(1) 收到昌盛公司投入款项一笔40 000元,已存入本公司存款账户。

(2) 收到发明人阳光投入专利权一项,确认价值30 000元。

(3) 收到方圆公司投入新设备一台,价值28 000元,设备已交付使用。

(4) 收到昌盛公司投入原材料一批,价值5 000元,增值税850元,材料已验收入库。

(5) 向银行取得6个月的周转借款8 000元,利率3%,已转入本公司存款户。

(6) 向银行借入3年期的100 000元款项,准备用于建造办公用房,利率5%,该笔款项已转入本公司存款户。

(7) 本月归还到期的临时周转借款本金2 000元,支付利息50元(利息以前均未预提)。

【要求】编制上述经济业务的会计分录。

习 题 二

【目的】练习固定资产购进业务的核算。

【资料】CC公司201×年7月份发生下列固定资产购进业务。

(1) 从华联公司购入复印机一台,价值28 900元,运费80元,款项已用转账支票支付,复印机已交付使用。

(2) 公司购入需要安装的生产用设备一台,价值86 000元,增值税14 620元,包装费500元,运费350元,全部款项已用银行存款支付,设备已运达公司。

(3) 安装上述生产用设备耗用材料200元,发生安装人员工资150元。

(4) 上述生产用设备安装完毕,经验收合格交付使用。

【要求】编制上述经济业务的会计分录。

习 题 三

【目的】练习材料采购业务核算。

【资料】CC 公司 201×年 7 月份发生下列材料采购业务。

(1) CC 公司向达成工厂购入 A 材料 8 000 千克,单价 12 元。收到达成工厂开来的增值税专用发票,价款 96 000 元,增值税 16 320 元,货款及增值税均以银行存款支付。

(2) CC 公司用银行存款支付上述购入 A 材料的运费 2 000 元。

(3) CC 公司向创新工厂购入 B 材料 4 000 千克,单价 5 元,C 材料 1 000 千克,单价 15 元。收到创新工厂开来的增值税专用发票,货款 35 000 元,增值税 5 950 元,货款及增值税均未支付。

(4) CC 公司以银行存款支付上述 B、C 两种材料的运费 300 元(运费按材料重量比例分配)。

(5) CC 公司以银行存款偿还前欠新兴工厂货款 31 080 元。

(6) CC 公司根据合同规定,预付龙强工厂购买 D 材料款 31 590 元。

(7) CC 公司收到龙强工厂发来预付款购买的 D 材料 3 000 千克,单价 9 元,增值税 4 590 元。

(8) 计算并结转已验收入库材料的实际采购成本。

【要求】

(1) 编制上述经济业务的会计分录。
(2) 设置并登记"材料采购明细账"。
(3) 编制"材料采购成本计算表"。

习 题 四

【目的】练习产品生产业务的核算。

【资料】CC 公司 201×年生产甲、乙两种产品,7 月份初在产品成本见下表。

名 称	数量/件	直接材料/元	直接人工/元	制造费用/元	合计/元
甲产品	200	7 417	3 090	2 420	12 927
乙产品	75	4 726	1 610	1 288	7 624
合 计		12 143	4 700	3 708	20 551

7 月份发生下列生产业务。

(1) 生产甲产品领用 A 材料 500 千克,单价 12.25 元;领用 B 材料 300 千克,单价 5.06 元,仓库已发料。

(2) 用银行存款支付生产车间办公费 500 元。

(3) 用银行存款 2 400 元支付第三季度车间房租,并相应摊销应由本月负担的部分。

(4) 生产车间领用 D 材料 200 千克,单价 9 元,用于生产设备维修,仓库已发料。

(5) 开出转账支票支付本月生产车间水电费 900 元。

(6) 生产乙产品领用 C 材料 600 千克，单价 15.06 元，仓库已发料。

(7) 月末，计算本月应付职工工资 16 800 元，其中：甲产品生产工人工资 8 000 元，乙产品生产工人工资 6 000 元，车间管理人员工资 1 800 元，厂部管理人员工资 1 000 元。

(8) 月末，依据职工工资总额的 14% 计提职工福利费。

(9) 月末，根据计划预提本月车间固定资产修理费 320 元。

(10) 月末，计提本月车间固定资产折旧 628 元。

(11) 月末，将 15 800 元转入职工工资存折。

(12) 月末，将本月发生的制造费用按生产工人的工资比例分配转入生产成本。

(13) 月末，甲产品 120 件，乙产品 100 件全部完工验收入库，均无期末在产品，计算并结转完工产品的实际生产成本。

【要求】

(1) 编制上述经济业务的会计分录。

(2) 设置并登记"生产成本明细账"。

(3) 编制"生产成本计算单"。

习 题 五

【目的】 练习销售业务的核算。

【资料】 CC 公司 201×年 7 月发生下列销售业务。

(1) 销售给五羊公司甲产品 40 件，单位售价 450 元；乙产品 10 件，单位售价 390 元，增值税额 3 723 元，货款及增值税已存入银行。

(2) 用银行存款支付销售甲、乙两种产品运费 500 元。

(3) 销售给铁一公司乙产品 20 件，单位售价 390 元，增值税 1 326 元，用银行存款代垫运杂费 180 元，货款、增值税及运费均未收到。

(4) 预收二建公司购买甲产品款 8 700 元存入银行。

(5) 计算本月应交已售产品消费税 1 600 元。

(6) 以银行存款 600 元支付产品广告费。

(7) 结转本月已售甲、乙两种产品的成本，甲产品单位成本 280.75 元，乙产品单位成本 265 元。

【要求】 编制上述经济业务的会计分录。

习 题 六

【目的】 练习营业外收支的核算。

【资料】 CC 公司 201×年 7 月份发生下列有关业务。

(1) 由于对方违约，收取罚款 3 000 元，并存入银行。

(2) 向灾区捐赠库存现金 1 500 元。

(3) 用银行存款 750 元缴纳税收滞纳金。

(4) 盘盈设备净值 4 000 元，经批准转入营业外收入。

【要求】 编制上述经济业务的会计分录。

习 题 七

【目的】练习利润形成及分配业务的核算。

【资料】CC 公司 201×年 7 月份发生下列有关利润业务。

(1) 将本期实现的主营业务收入 29 700 元,营业外收入 7 000 元,发生的主营业务成本 19 180 元,营业税金及附加 1 600 元,销售费用 1 100 元,管理费用 3 340 元,财务费用 230 元,营业外支出 2 250 元转入"本年利润"账户。

(2) 按 25%的所得税费用率计算并结转本期应交所得税费用(假设本期无纳税调整项目)。

(3) "本年利润"账户有贷方期初余额 154 670 元,按税后利润的 10%提取法定盈余公积金。

(4) 决定向投资者分配利润 40 000 元。

【要求】编制上述经济业务的会计分录。

习 题 八

【目的】综合练习制造企业主要经营过程的核算。

【资料】佳佳公司 201×年 7 月 1 日各总分类账户余额及有关账户明细资料见下表。

单位:元

账户名称	借方余额	账户名称	贷方余额
库存现金	1 300	短期借款	42 900
银行存款	139 200	应付账款	1 000
应收账款	3 000	其他应付款	800
原材料	125 000	应交税费	1 000
库存商品	150 000	实收资本	1 000 000
预付账款	14 000	盈余公积	14 000
固定资产	882 000	本年利润	427 000
利润分配	326 800	累计折旧	154 600
合 计	1 641 300	合 计	1 641 300

"库存商品"账户余额 150 000 元,其中:

库存商品——A 4 000 件 单价 20 元 计 80 000 元

库存商品——B 7 000 件 单价 10 元 计 70 000 元

"应收账款"账户余额 3 000 元系达成工厂欠款。

"应付账款"账户余额 1 000 元系欠创新工厂货款。

201×年 7 月发生下列经济业务。

(1) 仓库发出材料款 42 000 元,21 900 元用于生产 A 产品,18 100 元用于生产 B 产品,2 000 元用于车间辅助用料。

(2) 向慧明工厂购入甲材料 15 000 元,增值税 2 550 元,该厂垫付运杂费 1 000 元,货款及运费以银行存款支付。材料已验收入库,按其实际采购成本转账。

(3) 向创新厂购入 40 000 元的乙材料，货款暂欠，材料已到达并验收入库。
(4) 用库存现金支付上述购入乙材料的搬运费 300 元，并按其实际采购成本转账。
(5) 收到达成工厂还来欠款 3 000 元存入银行。
(6) 用银行存款支付上月应交税费 1 000 元。
(7) 用银行存款预付下年度报刊订阅费 1 200 元。
(8) 本月份职工工资分配如下：

A 产品生产工人工资	10 000 元
B 产品生产工人工资	10 000 元
车间职工工资	3 000 元
管理部门职工工资	1 000 元
合计	24 000 元

(9) 按职工工资总额的 14%计提职工福利费。
(10) 从银行存款中提取库存现金 24 000 元，备发工资。
(11) 用库存现金支付职工工资 24 000 元。
(12) 计提本月固定资产折旧 3 160 元，其中车间使用固定资产折旧 2 380 元，管理部门使用固定资产折旧 780 元。
(13) 本月应计入制造费用的待摊销费用 1 400 元。
(14) 将制造费用按生产工人工资比例摊配到 A、B 两种产品成本中。
(15) A 产品已全部完成，共 2 000 件，按其实际生产成本转账。
(16) 出售产成品给达成工厂，计 A 产品 1 800 件，每件售价 28 元；B 产品 4 400 件，每件售价 14 元。货款共计 112 000 元，增值税 19 040 元，货款及增值税均未收到。
(17) 结转上述出售产成品生产成本，计 A 产品每件 20 元，B 产品每件 10 元，共计 80 000 元。
(18) 用库存现金支付销售产品包装费、装卸费等销售费用 1 100 元。
(19) 用银行存款支付临时借款利息 5 000 元。
(20) 本月应计入管理费用的待摊销费用 1 200 元。
(21) 按售价计算应交已售产品的消费税 5 600 元。
(22) 出售多余材料 2 000 元，价款存入银行。同时结转该材料的实际成本 1 500 元。
(23) 将本月份各损益账户余额转至本年利润账户。
(24) 按本月利润总额的 25%计算应交所得税费用，并将"所得税费用"账户余额转入"本年利润"账户。
(25) 按本年税后利润 10%提取盈余公积金。
(26) 企业决定向投资者分配利润 120 000 元。
(27) 年末，将"本年利润"账户余额转入"利润分配——未分配利润"账户。
(28) 年末，将"未分配利润"明细账以外的其他明细账转入"未分配利润"明细账。

【要求】编制上述经济业务会计分录。

第5章 会计凭证

一、简答题

1. 什么是原始凭证？原始凭证的种类有哪些？
2. 简述记账凭证的概念和种类。
3. 会计凭证的传递和保管应注意哪些方面？

二、单项选择题

1. 下列会计凭证中，属于原始凭证的是(   )。
   A．收款凭证   B．付款凭证
   C．转账凭证   D．制造费用分配表
2. 从银行提取库存现金，应当编制(   )。
   A．收款凭证   B．付款凭证
   C．转账凭证   D．收款凭证和付款凭证
3. 下列单据中(   )属于外来凭证。
   A．入库单   B．领料单
   C．收料单   D．发票
4. 用转账支票支付前欠货款，应填制(   )。
   A．转账凭证   B．收款凭证
   C．付款凭证   D．原始凭证
5. 用库存现金支票支付购物款，应填制(   )。
   A．银行存款付款凭证   B．转账凭证
   C．库存现金付款凭证   D．库存现金收款凭证
6. 工资支付单属于(   )。
   A．记账凭证   B．自制原始凭证
   C．外来原始凭证   D．累计原始凭证
7. 记账凭证应根据合法的(   )填列。
   A．收款凭证   B．原始凭证
   C．付款凭证   D．单式凭证
8. 会计凭证是(   )的依据。
   A．编制报表   B．业务活动
   C．登记账簿   D．原始凭证
9. 下列会计凭证中，不能作为登记账簿依据的是(   )。
   A．借款单   B．发货票
   C．入库单   D．经济合同

10. 将会计凭证分为原始凭证和记账凭证的标准是(   )。
    A．填制的方法   B．反映的经济内容
    C．填制的程序和用途   D．取得的来源

三、多项选择题

1. 可以作为记账凭证编制依据的有(   )。
    A．一次凭证   B．累计凭证
    C．原始凭证汇总表   D．收款凭证
2. 下列属于原始凭证的有(   )。
    A．收料单   B．发料凭证汇总表
    C．派工单   D．收款凭证
3. 限额领料单同时属于(   )。
    A．自制原始凭证   B．累计原始凭证
    C．汇总原始凭证   D．记账凭证
4. 付款凭证左上角的贷方科目可能是(   )科目。
    A．"应付账款"   B．"材料采购"
    C．"银行存款"   D．"库存现金"
5. 涉及库存现金与银行存款之间划转业务时，可以编制的记账凭证有(   )。
    A．库存现金收款凭证   B．库存现金付款凭证
    C．银行存款收款凭证   D．银行存款付款凭证
6. 会计凭证的保管应做到(   )。
    A．定期归档、装订，以便查阅
    B．查阅会计凭证要有手续
    C．装订成册的会计凭证应集中由专人负责保管
    D．会计凭证由企业自行到期销毁
7. 下列属于记账凭证的有(   )。
    A．科目汇总表   B．通用记账凭证
    C．领料单   D．发出材料汇总表
8. 外购材料取得的发货票属于(   )。
    A．外来原始凭证   B．累计凭证
    C．一次凭证   D．自制原始凭证
9. 原始凭证审核的主要内容有(   )。
    A．审核原始凭证所记录经济业务是否合法
    B．审核原始凭证所记录经济业务是否符合计划
    C．审核原始凭证填写内容是否符合规定
    D．审核原始凭证会计分录是否正确
10. 记账凭证可以根据(   )填制。
    A．一份原始凭证   B．多份原始凭证汇总
    C．账簿记录结果   D．考勤簿

四、判断题

1．会计凭证按其来源不同，可以分为外来会计凭证和自制会计凭证两种。（　）

2．记账凭证按其所反映的经济业务内容不同，可以分为原始凭证、汇总凭证和累计凭证。（　）

3．付款凭证是只用于银行存款付出业务的记账凭证。（　）

4．转账凭证是不涉及库存现金和银行存款收付业务的其他转账业务所用的记账凭证。（　）

5．会计凭证按照其填列的方法可以分为原始凭证和记账凭证两大类。（　）

6．原始凭证的内容中可以包括会计分录也可以不包括会计分录，这要视所涉及经济业务的性质而定。（　）

7．自制原始凭证是企业内部经办业务的部门和人员填制的凭证。（　）

8．记账凭证按其编制方式不同可以分为专用记账凭证和通用记账凭证。（　）

9．专用凭证按其所记录的经济业务是否与库存现金、银行存款有关，可分为转账凭证和汇总凭证。（　）

10．单式凭证是根据单式记账的原理编制的记账凭证。（　）

五、核算题

习　题　一

【资料】

1．某工业企业部分总分类账户及所属明细分类账户的期初余额如下。

(1) 材料：58 900 元

其中，A 材料：1 265 千克　　　单价 20 元

　　　B 材料：840 千克　　　　单价 40 元

(2) 应付账款：84 630 元

其中，甲公司：42 850 元

　　　乙公司：27 600 元

　　　丙公司：14 180 元

2．该企业当月发生有关经济业务如下。

(1) 开出支票一张，支付所欠乙公司供应材料的货款 15 000 元。

(2) 向甲公司采购 B 材料 250 千克，单价 40 元，价款 10 000 元，增值税进项税额 1 700 元，尚未支付。

(3) 甲公司供应的 B 材料 10 000 元，验收入库。

(4) 向丙公司采购 A 材料 400 千克，单价 20 元，价款 8 000 元，增值税进项税 1 360 元，尚未支付，材料已验收入库。结转 A 材料的采购成本。

(5) 领用 A 材料 750 千克，单价 20 元，共计 15 000 元，用于产品生产。

(6) 向丙公司采购 B 材料 250 千克，单价 40 元，价款 10 000 元，增值税进项税额 1 700 元，尚未支付。

(7) 丙公司供应的 B 材料 10 000 元，验收入库。

(8) 向乙公司采购 A 材料 250 千克，单价 20 元，价款 5 000 元，增值税进项税 850 元，尚未支付，材料已验收入库。结转 A 材料的采购成本。

(9) 领用 B 材料 525 千克，单价 40 元，共计 21 000 元，其中用于产品生产 19 000 元，用于企业管理 2 000 元。

(10) 开出支票一张，用银行存款 6 000 元支付所欠甲公司供应材料货款。

【要求】根据上列各项经济业务，分别编制会计分录(在会计分录中列出所属明细分类账户及其金额)。

习 题 二

【目的】练习会计凭证的编制。

【资料】光明公司 201×年 6 月份发生下列经济业务。

(1) 6 月 11 日，购入 A 材料 2 500 千克，买价 50 000 元，增值税进项税额 8 500 元，款项通过银行付讫，材料已验收入库。

(2) 6 月 12 日，收到投资者追加投资 100 000 元，存入银行。

(3) 6 月 14 日，通过银行向天津 A 公司预付购料款 40 000 元。

(4) 6 月 15 日，仓库发出材料，其中生产甲产品耗料款 5 000 元，车间一般耗料款 4 000 元，厂部行政、管理部门耗料 6 000 元。

(5) 6 月 16 日，采购员李某预借差旅费 1 000 元，用库存现金付讫。

(6) 6 月 17 日，从银行提取库存现金 40 000 元，备发工资。

(7) 6 月 17 日，用库存现金 40 000 元发放本月工资。

(8) 6 月 19 日，收到上海甲工厂预付的购买产品款 50 000 元，并存入银行。

(9) 6 月 20 日，出售甲产品 275 件，售价 200 000 元，增值税销项税额 34 000 元，货款已预收 50 000 元，不足部分收到款项，并存入银行。

(10) 6 月 21 日，用银行存款支付当月水电费 4 000 元，其中车间水电费 3 000 元，厂部行政管理部门水电费 1 000 元。

(11) 6 月 22 日，李某出差回来，报销差旅费 800 元，余款收回库存现金。

(12) 6 月 23 日，开出支票一张，预付厂部行政管理部门下一季度房屋租金 6 000 元。

(13) 6 月 24 日，用银行存款支付广告费 3 000 元。

(14) 6 月 25 日，购买单位交来周转材料押金 500 元，存入银行。

(15) 6 月 26 日，用库存现金 8 000 元支付退休人员工资。

(16) 6 月 27 日，用银行存款支付本季度短期借款利息 6 000 元。

(17) 6 月 30 日，结算本月应付的职工工资，其中生产甲产品工人工资为 28 000 元，车间一般人员工资为 4 000 元，厂部行政管理部门人员工资 8 000 元。

(18) 6 月 30 日，预提应由本月负担的短期借款利息 3 000 元。

(19) 6 月 30 日，计提本月折旧，其中生产车间提折旧费 6 000 元，厂部行政管理部门提折旧费 2 000 元。

(20) 6 月 30 日，结转本月发生的制造费用 20 000 元，均为甲产品负担。

(21) 6 月 30 日，结转本月完工甲产品 250 件的生产成本 100 000 元。

(22) 6月30日，摊销应由本月负担的房屋租金2 000元，报刊杂志费1 200元。

(23) 6月30日，计算出本月应交城建税6 000元。

(24) 6月30日，计算出本月已售甲产品275件的生产成本为110 000元。

(25) 6月30日，结转本月已售甲产品275件的销售收入200 000元，营业外收入40 000元。

(26) 6月30日，结转本月已售甲产品275件的生产成本110 000元，产品销售税金6 000元，产品销售费用3 000元。

(27) 6月30日，计算出本月应交所得税费用28 380元。

(28) 6月30日，结转本月管理费用30 000元，财务费用3 000元，营业外支出2 000元，所得税费用28 380元。

(29) 6月30日，计算出本月应提盈余公积金5 762元。

(30) 6月30日，向股东分配库存现金股利20 000元。

【要求】根据上述经济业务编制相关的记账凭证(请在参考答案处的空白凭证样式中填制)。

第6章 会计账簿

一、简答题

1. 简述会计账簿登记的一般规则。
2. 更正错账的方法一般有几种？每种错账更正方法的适用范围是什么？
3. 简述会计账簿的更换与保管应注意的事项。

二、单项选择题

1. 登记账簿的依据是(   )。
   A．经济合同   B．记账凭证
   C．会计分录   D．有关文件
2. "应付账款"明细账一般应采用(   )页。
   A．三栏式   B．多栏式
   C．平行式   D．数量金额式
3. 租入固定资产登记簿属于(   )。
   A．序时账   B．明细分类账
   C．总分类账   D．备查簿
4. 多栏式银行存款日记账属于(   )。
   A．总分类账   B．明细分类账
   C．备查簿   D．序时账
5. 登记银行存款支出业务的日记账依据的是(   )。
   A．库存现金收款凭证   B．库存现金付款凭证
   C．银行存款收款凭证   D．银行存款付款凭证
6. 库存商品明细账通常采用(   )账簿。
   A．多栏式   B．H栏式
   C．数量金额式   D．数量卡
7. 总分类账簿应采用(   )。
   A．活页账簿   B．卡片账簿
   C．订本账簿   D．备查账簿
8. 活页账簿和卡片账簿可适用于(   )。
   A．库存现金日记账   B．联合账簿
   C．通用日记账   D．明细分类账
9. 应收账款明细账一般采用的格式是(   )。
   A．三栏式   B．数量金额式
   C．多栏式   D．任意一种明细账格式

10. 新的会计年度开始，启用新账时，可以继续使用，不必更换新账的是(　　)。
    A．总分类账　　　　　　　　　B．银行存款日记账
    C．固定资产卡片　　　　　　　D．管理费用明细账

三、多项选择题

1. 账簿按其外表形式，可以分为(　　)。
    A．订本式账簿　　　　　　　　B．序时账簿
    C．卡片式账簿　　　　　　　　D．活页式账簿

2. 任何会计主体都必须设置的账簿有(　　)。
    A．日记账簿　　　　　　　　　B．辅助账簿
    C．总分类账簿　　　　　　　　D．明细分类账簿

3. 银行存款日记账借方的登记依据是(　　)。
    A．库存现金收款凭证　　　　　B．库存现金付款凭证
    C．银行存款收款凭证　　　　　D．银行存款付款凭证

4. 关于账簿的启用，下列说法正确的有(　　)。
    A．启用时，应详细登记账簿扉页的"账簿启用和经营人员一览表"
    B．每一本账簿均应编号并详细记录其册数、共计页数和启用日期
    C．调换记账人员，便应立即换用账簿
    D．账簿交接时，会计主管人员应该监交，并签章

5. 现金、银行存款日记账的账页格式主要有(　　)。
    A．三栏式　　　　　　　　　　B．多栏式
    C．订本式　　　　　　　　　　D．数量金额式

6. 数量金额式明细分类账的账页格式适用于(　　)。
    A．''产成品''科目　　　　　　　B．''生产成本''科目
    C．''应收账款''科目　　　　　　D．''材料''科目

7. 在账簿记录中，红笔只能用于(　　)。
    A．采用红字更正，冲销错误记录
    B．在不设借方或贷方专栏的多栏式账页中，登记减少金额
    C．期末结账时，划通栏红线
    D．三栏式账户的余额栏前，如果未说明余额方向，在余额栏内登记负数余额

8. 不是任何经济单位都必须设置的账簿有(　　)。
    A．受托材料登记簿　　　　　　B．固定资产明细账
    C．租入固定资产登记簿　　　　D．制造费用明细账

9. 账簿组成的基本内容是(　　)。
    A．单位名称　　　　　　　　　B．账簿封面
    C．账簿扉面　　　　　　　　　D．账页

10．下列错误中，可以用红字冲销法更正的有(　　)。

A．结账后发现的一切登记错误

B．发现记账凭证中会计科目和金额都有错误，并且已经登记入账

C．发现记账凭证中所记会计科目有错，并已登记入账

D．在结账前发现记账凭证无误，但账簿记录中文字或数字过账错误

四、判断题

1．登记账簿的目的在于为企业提供各种总括的核算资料。　　　　　　(　　)

2．现金日记账和银行存款日记账必须采用订本式账簿。　　　　　　　(　　)

3．序时账簿就是现金日记账和银行日记账。　　　　　　　　　　　　(　　)

4．为了实行钱账分管原则，通常由出纳人员填制收款凭证和付款凭证，由会计人员登记现金日记账和银行存款日记账。　　　　　　　　　　　　　　　　　(　　)

5．多栏式明细分类账，不仅适用于成本费用，也适用于收入和利润明细分类账。
　　　　　　　　　　　　　　　　　　　　　　　　　　　　　　　(　　)

6．"原材料"账户的明细分类账，应采用多栏式账簿。　　　　　　　　(　　)

7．登记账簿要用蓝黑墨水钢笔或蓝黑圆珠笔书写，不得使用铅笔和其他颜色的墨水。
　　　　　　　　　　　　　　　　　　　　　　　　　　　　　　　(　　)

8．总分类账户与其所属明细分类账户平行登记，是指总账本期发生额与其所属明细本期发生额之和要相等。　　　　　　　　　　　　　　　　　　　　　　(　　)

9．总分类账户及其所属明细分类账户必须在同一会计期间内登记。　　(　　)

10．结账就是指登记每个账户的期末余额工作。　　　　　　　　　　　(　　)

五、核算题

【目的】练习登记银行存款和现金日记账。

【资料】某公司201×年7月31日银行存款日记账余额为300 000元；现金日记账余额为3 000元。8月份上旬发生下列银行存款和现金收付业务。

(1) 1日，投资者投入现金25 000元，存入银行(银收801号)。

(2) 1日，将银行存款10 000元归还短期借款(银付801号)。

(3) 2日，将银行存款20 000元偿付应付账款(银付802号)。

(4) 2日，将库存现金1 000元存入银行(现付801号)。

(5) 3日，从银行提取现金2 000元备用(银付803号)。

(6) 4日，收到应收账款50 000元，存入银行(银收802号)。

(7) 5日，用银行存款40 000元支付购买材料款(银付804号)。

(8) 5日，用银行存款10 000元支付购入材料运费(银付805号)。

(9) 6日，从银行提取现金18 000元，准备发放工资(银付806号)。

(10) 6日，用库存现金18 000元发放职工工资(现付803号)。

(11) 7日，用银行存款支付本月电费1 800元(银付807号)。

(12) 8日，销售产品一批，货款51 750元存入银行(银收803号)。

(13) 9日，用银行存款支付销售费用410元(银付808号)。

(14) 10日，用银行存款上交销售税金3 500元(银付809号)。

【要求】 登记银行存款日记账和现金日记账(账页格式见下表)，并结出10日的累计余额。

银行存款日记账

201×年		凭证		摘要	结算凭证		对方账户	收入	支出	结余
月	日	字	号		种类	编号				
7	1			月初余额						300 000

现金日记账

201×年		凭证		摘要	对方账户	收入	支出	结余
月	日	字	号					
7	1			月初结余				3 000

第7章 财产清查

一、简答题

1. 简述财产清查前的准备工作。
2. 财产清查的内容有哪些？
3. 简述财产清查结果的处理原则与程序。

二、单项选择题

1. 对库存现金清查所采用的基本方法是( )。
   A．实地盘点法   B．抽样盘点法
   C．估算法   D．推算法
2. 清查银行存款所采用的方法一般是( )。
   A．推算法   B．测量计算法
   C．实地盘点法   D．对账单法
3. 在实地盘存制下，平时在账簿中对财产物资( )。
   A．只记增加数，不记减少数   B．只记减少数，不记增加数
   C．先记增加数，后记减少数   D．同时记增加和减少数
4. "未达账项"是指单位与银行之间由于结算凭证传递的时间不同而造成的( )。
   A．双方登记金额不一致的账项
   B．一方重复记账的账项
   C．一方已经入账，而另一方尚未登记入账的账项
   D．双方均尚未入账的账项
5. 结算往来款项的清查一般采用( )。
   A．实地盘点法   B．估算法
   C．函证核对法   D．对账单法
6. "待处理财产损溢"是一个( )。
   A．资产类账户   B．负债类账户
   C．调整账户   D．双重性质的账户
7. 对财产清查中发现的财产物资盘亏，若属于定额内的自然损耗，应按规定转作( )。
   A．管理费用   B．营业外支出
   C．生产成本   D．其他应收款
8. 财产清查中发现某种材料盘亏时，在报经批准处理以前应作会计分录为( )。
   A．借：管理费用   B．借：原材料
      贷：待处理财产损溢   贷：待处理财产损溢
   C．借：待处理财产损溢   D．借：待处理财产损溢
      贷：管理费用   贷：原材料

9. 对于在财产清查中经查实无法支付的应付账款，在按规定的程序报经批准后作( )。

    A．借：应付账款　　　　　　　　B．借：应付账款
        贷：营业外收入　　　　　　　　　贷：管理费用
    C．借：应付账款　　　　　　　　D．借：应付账款
        贷：坏账准备　　　　　　　　　　贷：本年利润

10. 采用永续盘存制时，财产清查的目的是检查( )。

    A．账账　　　　　　　　　　　　B．账表
    C．账实　　　　　　　　　　　　D．账证

三、多项选择题

1. 财产物资的盘存制度有( )。

    A．权责发生制　　　　　　　　　B．库存现金收付制
    C．实地盘存制　　　　　　　　　D．永续盘存制

2. 采用实地盘存制时，计算出的减少金额可能有( )。

    A．正常耗用金额　　　　　　　　B．损失金额
    C．差错金额　　　　　　　　　　D．结存金额

3. 财产清查按清查的时间可分为( )。

    A．全面清查　　　　　　　　　　B．局部清查
    C．定期清查　　　　　　　　　　D．不定期清查

4. 下列财产物资，应该采用实地盘点法的有( )。

    A．银行存款　　　　　　　　　　B．库存现金
    C．固定资产　　　　　　　　　　D．存货

5. 既属于不定期清查，又属于全面清查的是( )。

    A．年终决算前的清查
    B．更换财产和库存现金保管员时的清查
    C．开展清产核资的清查
    D．单位撤销、合并或改变隶属关系时进行的清查

6. 未达账项有以下几种情况？( )

    A．银行已记存款增加，本单位尚未记账
    B．银行已记存款减少，本单位尚未记账
    C．本单位已记存款增加，银行尚未记账
    D．本单位已记存款减少，银行尚未记账
    E．双方都尚未记账

7. 财产清查中应采用实地盘点法进行清查的资产主要有( )。

    A．固定资产　　　　　　　　　　B．产成品
    C．银行存款　　　　　　　　　　D．库存现金
    E．应收账款

8. 不定期清查适用于( )。
   A. 发生自然灾害或意外损失时
   B. 变更财产或库存现金保管员时
   C. 临时的清产核资
   D. 审计检查时
   E. 收入与发出相配比时

9. 银行存款清查应根据( )进行。
   A. 银行存款日记账   B. 银行存款总账
   C. 银行存款余额调节表   D. 银行对账单

10. "待处理财产损溢"科目，借方登记的内容有( )。
    A. 处理财产物资盘亏净值   B. 待处理财产物资盘亏原值
    C. 结转批准处理的财产物资盘盈数 D. 结转批准处理的财产物资盘亏数

四、判断题

1. 更换财产保管人员时进行的清查属于不定期清查。   （ ）
2. 各种往来款项的清查，必须派人亲自到对方单位核对。   （ ）
3. 实地盘存制一般适用于价值高、品种少、进出频繁的材料物资。   （ ）
4. 在会计核算中，做到账证、账账相符，说明会计账簿所作的记录是真实可靠的。
                                                                  （ ）
5. 存货发生盘盈后应暂不作账务处理，等到月底结账时统一作会计记录。 （ ）
6. 不论采用何种盘存制度，账面上都应反映存货的增减变动及结存情况。 （ ）
7. 永续盘存制增加了明细账的核算工作，因而企业较少采用。   （ ）
8. 无论采用何种盘存制度，期末都需要对财产物资进行清查。   （ ）
9. 定期清查可以是全面清查也可以是局部清查。   （ ）
10. 对存货实地盘点的结果应该编制"实存账存对比表"。   （ ）

五、核算题

习 题 一

【目的】练习银行存款余额调节表的编制。

【资料】大华公司201×年5月30日银行对账单存款余额为26 900元，银行存款日记账账面余额为15 050元。在对账中发现下列未达账项。

(1) 向银行借款9 800元，银行已转入本公司存款户，但本公司尚未记账。
(2) 送存银行一张支票1 220元，因对方存款不足而被退回，公司尚未接到通知。
(3) 向供货方开出一张支票4 810元，因持票人尚未到银行办理手续，银行尚未入账。
(4) 公司收入1 260元，已送存银行，但银行尚未入账。
(5) 银行已从本公司账户中划转利息费用280元，但公司未接到通知而尚未入账。

【要求】根据上述资料，编制银行存款余额调节表。

习 题 二

【目的】练习库存商品清查的结果处理。

【资料】某工厂盘点库存商品发现下列问题,原因待查。

A 商品盘亏 10 台,每台 30 元。
B 商品盘亏 110 台,每台 19 元。
C 商品盘盈 2 千克,每千克 26.50 元。
D 商品盘亏 3 千克,每千克 48 元。
上述盘盈盘亏经查明原因,批准处理如下。
A 商品盘亏是由于保管人员过失造成,应由过失人员赔偿。
B 商品盘亏系火灾引起,记作营业外支出。
C 商品盘盈属于商品自然升溢,作冲减管理费用处理。
D 商品盘亏属于商品自然损耗,作销售费用处理。

【要求】根据上述资料编制会计分录。

习 题 三

【目的】练习固定资产清查结果处理。

【资料】华丽百货公司 201×年 12 月 30 日进行财产清查,结果如下。

盘亏设备一台,原值 60 000 元,已提折旧 32 000 元。
盘盈办公设备一台,重置价值 75 000 元,估计六成新。
A 商品盘亏 20 件,实际单价 210 元。
B 商品盘盈 5 件,实际单价 16 元。
财产清查结果经批准作如下处理。
固定资产盘盈盘亏作营业外收支处理。
A 商品盘亏,其中 3 件属仓库保管员过失造成,责成其赔偿;17 件属管理制度不健全造成,列入销售费用。
B 商品盘盈系计量不准造成,应冲减管理费用。

【要求】根据以上资料编制会计分录。

第8章　账务处理程序

一、简答题

1. 简述账务处理程序的意义。
2. 简述账务处理程序的种类、特点、优缺点及适用范围。

二、单项选择题

1. 区别不同账务处理程序的依据主要是(　　)。
   A．登记分类账的依据和方法不同　　B．登记总分类账的依据不同
   C．登记日记账的依据不同　　　　　D．编制会计报表的依据不同
2. 记账凭证账务处理程序登记总账的依据是(　　)。
   A．汇总记账凭证　　　　　　　　　B．记账凭证总表
   C．记账凭证　　　　　　　　　　　D．科目汇总表
3. 最基本的账务处理程序是指(　　)。
   A．记账凭证账务处理程序　　　　　B．科目汇总表账务处理程序
   C．总记账凭证账务处理程序　　　　D．日记总账账务处理程序
4. 记账凭证账务处理程序的缺点是(　　)。
   A．登记总账工作量大　　　　　　　B．简化登记总账的工作量
   C．能反映经济业务发生和完成情况　D．不便于会计核算的日常分工
5. 账务处理程序的特点是(　　)。
   A．根据各种汇总记账凭证直接登记明细账
   B．根据各种汇总记账凭证直接登记总账
   C．根据各种汇总记账凭证直接登记日记账
   D．根据各种记账凭证直接登记总账
6. 汇总记账凭证财务处理程序适用于(　　)的单位。
   A．生产规模较小，经济业务量较多
   B．生产规模较小，经济业务量较少
   C．生产规模较大，经济业务量较多
   D．生产规模较大，经济业务量较少
7. 科目汇总表账务处理程序又称为(　　)。
   A．汇总记账凭证账务处理程序　　　B．记账凭证账务处理程序
   C．记账凭证汇总表账务处理程序　　D．日记总账账务处理程序
8. 科目汇总表账务处理程序以(　　)登记总分类账簿。
   A．汇总记账凭证　　　　　　　　　B．记账凭证
   C．科目汇总表　　　　　　　　　　D．日记总账

9. 科目汇总表账务处理程序，适用于( )的单位。
  A．生产规模大   B．经济业务较多
  C．生产规模小   D．经济业务较少
10. 科目汇总表账务处理程序的缺点主要是( )。
  A．不能反映账户之间的对应关系   B．不便于记账
  C．不能起到试算平衡的作用   D．单位一般不采用此种账务处理程序

三、多项选择题

1. 账务处理程序，也称为会计核算组织程序或会计核算形式，是指( )之间相互结合的方式。
  A．会计凭证   B．会计账簿
  C．会计报表   D．原始凭证
2. 实际工作中，常见的账务处理程序主要有( )。
  A．记账凭证账务处理程序   B．汇总记账凭证账务处理程序
  C．科目汇总表账务处理程序   D．多栏式日记账账务处理程序
3. 账务处理程序的作用是：( )。
  A．有利于会计工作程序的规范化
  B．简化会计核算的环节和手续
  C．有利于建立和落实会计工作岗位责任制
  D．保障会计核算和监督职能的发挥
4. 在记账凭证账务处理程序下，记账凭证一般采用( ) 3 种格式。
  A．记账凭证   B．收款凭证
  C．付款凭证   D．转账凭证
5. 记账凭证账务处理程序的优点有( )。
  A．账务处理简单明了
  B．可以详细反映经济业务的发生和完成情况
  C．便于理解、查阅
  D．登记总账的工作量较少
6. 汇总记账凭证账务处理程序设置的会计凭证除收、付款,转账凭证外,还需设置( ) 3 种汇总记账凭证。
  A．汇总记账凭证   B．汇总收款凭证
  C．汇总付款凭证   D．汇总转账凭证
7. 汇总记账凭证账务处理程序的优点有( )。
  A．减轻登记总账的工作量
  B．可清晰地反映科目之间的对应关系
  C．便于对经济业务进行分析和检查
  D．有利于会计核算的日常分工
8. 汇总记账凭证账务处理程序适用于( )。
  A．生产经营规模较大   B．经济业务量较多
  C．生产经营规模较少   D．经济业务量较少

9. 在汇总记账凭证账务处理程序下，记账凭证中所记载的科目对应关系不能为(　　)。
　　A．一借一贷　　　　　　　　B．一借多贷
　　C．一贷多借　　　　　　　　D．多贷多借
10. 科目汇总表账务处理程序的优点是：(　　)。
　　A．可以减少登记总账的工作量　　B．能起到试算平衡作用
　　C．编制简单，使用方便　　　　　D．能反映各个账户之间的对应关系

四、判断题

1. 不同的账务处理程序有不同的特点、使用范围和程序。　　　　　　　　(　)
2. 记账凭证账务处理程序是最基本的一种账务处理程序。　　　　　　　　(　)
3. 账务处理程序中根据原始凭证、汇总原始凭证和记账凭证，登记各种明细分类账。
　　　　　　　　　　　　　　　　　　　　　　　　　　　　　　　　　　(　)
4. 记账凭证账务处理程序的缺点是登记总账的工作量比较大。　　　　　　(　)
5. 采用汇总记账凭证的方法时，应定期(一般是10天至15天)根据收、付款，转账凭证分别填入汇总记账凭证。　　　　　　　　　　　　　　　　　　　　　　　　(　)
6. 汇总记账凭证账务处理程序根据记账凭证汇总表登记总分类账。　　　　(　)
7. 汇总记账凭证账务处理程序的缺点是不利于会计核算的日常分工，当转账较多时，汇总转账凭证编制的工作量较大。　　　　　　　　　　　　　　　　　　　　(　)
8. 根据科目汇总表登记总账是科目汇总表账务处理程序区别于其他各种账务处理程序的最主要特点。　　　　　　　　　　　　　　　　　　　　　　　　　　　　(　)
9. 科目汇总表账务处理程序适用于经济业务较少的单位。　　　　　　　　(　)
10. 科目汇总表账务处理程序下，记账凭证中所记载的科目对应关系，只能是一借一贷相对应的简单会计分录。　　　　　　　　　　　　　　　　　　　　　　　(　)

五、核算题

习　题　一

【目的】练习记账凭证账务处理程序。

【资料】

1. 201×年5月有关账户余额见下表。

单位：元

账户名称	借方余额	账户名称	贷方余额
库存现金	1 300	短期借款	42 900
银行存款	158 200	应交税费	1 000
预付账款	4 000	实收资本	675 000
原材料	130 000	本年利润	427 000
库存商品	145 000	累计折旧	154 600
固定资产	862 000		
合　计	1 300 500	合　计	1 300 500

2．201×年 5 月发生下列业务。

(1) 1 日根据合同规定，企业预付 A 工厂购买 D 材料款 31 590 元。

(2) 5 日用银行存款支付生产车间办公费 500 元。

(3) 11 日计提本月车间固定资产折旧款 628 元。

(4) 13 日销售给五羊公司甲产品 40 件，单位售价 450 元，乙产品 10 件，单位售价 390 元，增值税额 3 723 元，货款及增值税已存入银行。

(5) 13 日结转销售成本 12 000 元。

(6) 20 日以银行存款 750 元缴纳税收滞纳金。

(7) 23 日仓库发出材料费 42 000 元，21 900 元用于生产 A 产品，18 100 元用于生产 B 产品，2 000 元用于车间辅助用料。

(8) 25 日用库存现金支付销售产品包装费、装卸费等销售费用 1 100 元。

(9) 30 日以银行存款支付临时借款利息 5 000 元。

(10) 31 日结转损益至"本年利润"账户。

【要求】

(1) 根据上述经济业务编制收款凭证、付款凭证、转账凭证。

(2) 根据上述经济业务开设相应三栏式总账，将凭证逐笔记入总账。

习 题 二

【目的】练习科目汇总表的编制。

【资料】见习题一。

【要求】

(1) 编制科目汇总表。

(2) 根据上述经济业务开设相应三栏式总账，根据科目汇总表登记三栏式总账。

第9章 财务会计报告

一、简答题

1．简述财务会计报表的编制要求。
2．简述财务会计报表的构成及分类。
3．会计报表附注披露的内容有哪些？

二、单项选择题

1．反映企业在一定时期内经营成果的报表是(   )。
　　A．资产负债表　　　　　　　　B．利润表
　　C．资产减值准备明细表　　　　D．库存现金流量表
2．资产负债表中的"期末数"栏大多数项目填列的依据是(   )。
　　A．有关总账账户期末余额　　　B．有关总账账户本期发生额
　　C．有关明细账期末余额　　　　D．有关明细账本期发生额
3．资产负债表中的资产项目是(   )排列。
　　A．按其流动性　　　　　　　　B．按其重要性
　　C．按其有用性　　　　　　　　D．按其随意性
4．下列项目中，不包括在利润表中的是(   )。
　　A．销售费用　　　　　　　　　B．管理费用
　　C．制造费用　　　　　　　　　D．财务费用
5．按照我国《企业会计制度》的规定，资产负债表采用的格式为(   )。
　　A．单步式　　　　　　　　　　B．多步式
　　C．账户式　　　　　　　　　　D．报告式
6．利润分配表是(   )。
　　A．资产负债表的附表　　　　　B．利润表的附表
　　C．现金流量表的附表　　　　　D．反映经营成果的主表
7．不能通过资产负债表了解的会计信息是(   )。
　　A．企业所拥有或控制的资源构成及其分布情况
　　B．企业的偿债能力
　　C．所有者权益的构成情况
　　D．现金的流动情况
8．资产负债表的下列项目中，需要根据几个总账账户的期末余额计算填列的是(   )。
　　A．短期借款　　　　　　　　　B．累计折旧
　　C．货币资金　　　　　　　　　D．资本公积

9. 下列资产负债表项目中，应根据相应总账账户期末余额直接填列的是( )。
   A．应收账款　　　　　　　　B．短期投资
   C．长期借款　　　　　　　　D．累计折旧
10. 考察企业盈利能力的比率指标有( )。
   A．流动比率　　　　　　　　B．销售净利率
   C．应收账款周转率　　　　　D．速动比率

三、多项选择题

1. 根据《企业会计制度》的规定，企业应编制和对外报送的基本会计报表包括( )。
   A．资产负债表　　　　　　　B．利润表
   C．现金流量表　　　　　　　D．利润分配表
2. 下列属于财务会计报告编制基本要求的有( )。
   A．内容完整　　　　　　　　B．数字真实
   C．指标可比　　　　　　　　D．编报及时
3. 会计报表附注应当包括的内容有( )。
   A．重大会计差错更正的说明　B．或有事项和承诺事项的说明
   C．企业合并、分立的说明　　D．重要资产转让及其出售的说明
4. 会计报表一般由( )组成。
   A．表首　　　　　　　　　　B．正表
   C．补充资料　　　　　　　　D．财务情况说明书
5. 通过资产负债表可以了解的信息有( )。
   A．企业某一日期所拥有或控制的各种资源的构成及其分布情况
   B．企业负担的长期债务和短期债务数额
   C．所有者权益的构成情况
   D．企业所面临的财务风险
6. 资产负债表的"期末数"栏项目数据可根据( )填列。
   A．总账账户的期末余额直接　B．总账账户期末余额计算
   C．若干明细账余额计算　　　D．账户余额减去其备抵项目后的净额
7. 按照我国《企业会计制度》规定，企业的利润表采用多步式结构反映。在计算营业利润步骤时，应考虑的项目有( )。
   A．主营业务利润　　　　　　B．管理费用
   C．财务费用　　　　　　　　D．投资收益
8. 在编制利润表时，需要计算填列的项目有( )。
   A．主营业务收入　　　　　　B．主营业务利润
   C．营业利润　　　　　　　　D．净利润
9. 关于"利润分配表"的说法正确的是( )。
   A．它是资产负债表的附表
   B．它是利润表的附表
   C．通过它可以反映企业利润实现情况
   D．通过它可以了解企业利润分配水平

10. 下列用以考察企业偿债能力的指标有( )。
   A. 流动比率　　　　　　　　B. 速动比率
   C. 资产报酬率　　　　　　　D. 销售净利率

四、判断题

1. 资产负债表是反映企业在一定时期内财务状况的报表。　　　　　　　　( )
2. 利润表是一张动态报表。　　　　　　　　　　　　　　　　　　　　　( )
3. 资产负债表结构设计的理论依据是"资产=负债+所有者权益"会计等式。( )
4. 利润表结构设计的理论基础是"收入-费用=利润"会计等式。　　　　　( )
5. 资产负债表的"期末数"栏各项目主要是根据有关总账的本期发生额填列的。
　　　　　　　　　　　　　　　　　　　　　　　　　　　　　　　　　( )
6. 利润表各项目的数据主要来源于各损益类账户的本期发生额。　　　　　( )
7. 现金流量表是以现金和现金等价物为基础编制的财务状况变动表。这里的"现金"是指企业的库存现金。　　　　　　　　　　　　　　　　　　　　　( )
8. 财务会计报告使用者在报送单位未正式对外披露前，有义务对其内容保密。
　　　　　　　　　　　　　　　　　　　　　　　　　　　　　　　　　( )
9. 流动比率越高，表明企业短期偿债能力越强，债权就越有保障。　　　　( )
10. 存货周转率主要是评价企业盈利能力的指标。　　　　　　　　　　　 ( )

五、核算题

习　题　一

【目的】练习资产负债表的填列。

【资料】伊伊公司201×年5月31日有关账户的期末余额见下表。

单位：元

总账账户	明细账户	借方余额	贷方余额	总账账户	明细账户	借方余额	贷方余额
应收账款		73 000		短期借款应付账款			38 000
	A工厂	48 000					72 500
	B公司	66 000			甲公司		42 000
	C公司		41 000		乙公司		53 000
预付账款		35 000			丙公司	29 000	
	D公司	52 000			丁公司		6 500
	E公司		17 000	预收账款			7 000
原材料		22 000			F公司		6 000
库存商品		19 000			G公司		3 000
固定资产		286 000			H公司	2 000	
累计折旧			34 000	本年利润			48 000
坏账准备			580	利润分配	未分配利润		21 000

【要求】根据上述资料计算资产负债表中下列项目的填列金额。

(1) 应收账款＝　　　　　(2) 预付账款＝
(3) 存货＝　　　　　　　(4) 固定资产净值＝
(5) 短期借款＝　　　　　(6) 应付账款＝
(7) 预收账款＝　　　　　(8) 未分配利润＝

习 题 二

【目的】练习利润表及利润分配表的编制。

【资料】

1. 丁丁公司201×年12月份结账前有关账户资料摘要见下表。

单位：元

账户名称	1～11月累计数	12月31日结账前余额
主营业务收入	1 630 000	143 600
主营业务成本	1 120 000	
营业税金及附加	15 000	750
销售费用	9 000	2 000
管理费用	24 000	4 200
财务费用	12 000	
其他业务收入	58 000	
其他业务成本	34 000	
营业外收入	16 000	8 000
营业外支出	7 000	600
所得税费用	159 390	
本年利润	323 610	
利润分配——未分配利润*		121 000

注：*为年初数。

2. 丁丁公司12月31日发生以下调整及结转业务。

(1) 计提本月行政管理部门使用固定资产折旧500元。
(2) 结算本月行政管理人员工资3 000元。
(3) 预提本月短期借款利息150元。
(4) 结转本月产品销售成本86 000元。
(5) 计算并结转本月损益。
(6) 按25%税率计算并结转本月所得税费用。
(7) 按本年税后利润的10%提取法定盈余公积金。
(8) 向投资者分配利润98 000元。
(9) 结转本年利润账户。
(10) 结转利润分配明细账。

【要求】

(1) 根据上述资料编制有关会计分录。

(2) 根据上述资料编制丁丁公司201×年度12月份利润表和201×年度利润分配表(上年度利润表数据略)。

习 题 三

【目的】练习财务指标的计算。

【资料】欣欣公司201×年简化资产负债表和简化利润表见下表。

资产负债表

会企01表

编制单位：欣欣公司　　　　　　　　201×年12月31日　　　　　　　　　　单位：元

资产	期末余额	年初余额	负债和所有者权益	期末余额	年初余额
货币资金	330 000	200 000	短期借款	370 000	420 000
应收票据	160 000	20 000	应付账款	440 000	210 000
应收账款	440 000	380 000	长期借款	570 000	582 000
存货	650 000	450 000	实收资本	1 640 000	900 000
固定资产净值	2 070 000	1 620 000	盈余公积	470 000	250 000
无形资产	150 000	22 000	未分配利润	310 000	330 000
资产合计	3 800 000	2 692 000	负债和所有者权益合计	3 800 000	2 692 000

利 润 表

编制单位：欣欣公司　　　　　　　　201×年度　　　　　　　　　　　　　单位：元

项目	本年实际数	上年实际数
主营业务收入	6 500 000	5 000 000
主营业务成本	4 400 000	1 700 000
主营业务利润	2 100 000	600 000
其他业务利润	802 000	800 000
销售费用	980 000	105 000
管理费用	1 260 000	150 000
财务费用	120 000	300 000
营业利润	542 000	500 000
利润总额	520 000	335 000
净利润	320 000	

【要求】根据上述资料计算下面的比率。

(1) 流动比率。

(2) 速动比率。

(3) 应收账款周转率。

(4) 存货周转率。

(5) 净资产报酬率。

(6) 总资产报酬率。

第 10 章　会计工作的管理与组织

一、简答题

1．简述组织会计工作应遵循的原则。
2．会计职业道德与会计法律制度的关系是什么？

二、单项选择题

1．各单位要根据需要设置会计机构和配备会计人员，建立内部稽核和内部牵制制度，这是(　　)明确规定的。
　　A．会计法　　　　　　　　B．会计制度
　　C．会计准则　　　　　　　D．税法
2．在组织管理会计工作的一般原则中，(　　)是指建立和完善会计工作的责任制度。
　　A．适应性原则　　　　　　B．效益性原则
　　C．内部控制原则　　　　　D．责任制原则
3．根据《会计法》规定，被吊销会计从业资格证书的会计人员，(　　)内不得重新取得会计从业资格证书。
　　A．三年　　　　　　　　　B．四年
　　C．五年　　　　　　　　　D．十年
4．下列不属于会计专业技术职称的是(　　)。
　　A．会计师　　　　　　　　B．会计员
　　C．助理会计师　　　　　　D．总会计师
5．在我国会计法律法规体系中，《企业会计准则》属于(　　)层次的法规。
　　A．会计法律　　　　　　　B．会计行政法规
　　C．会计部门规章　　　　　D．地方性会计法规
6．会计职业道德是一种(　　)。
　　A．强制性规范　　　　　　B．法律规范
　　C．非强制性规范　　　　　D．职业道德
7．按照财政部的规定，总账应保存(　　)。
　　A．10年　　　　　　　　　B．15年
　　C．5年　　　　　　　　　　D．永久
8．会计人员对不真实、不合法的原始凭证，应该(　　)。
　　A．代为更正　　　　　　　B．不予受理
　　C．先办理后更正　　　　　D．向上级反映情况
9．集中核算方式就是把(　　)的主要会计核算工作都集中在企业一级的会计部门进行。
　　A．各生产经营单位　　　　B．某些重要单位
　　C．整个企业单位　　　　　D．各职能管理部门

10. 在不违反内部牵制制度的前提下，出纳员可以兼管( )。
    A．总账的登记工作　　　　　　　B．固定资产卡片的登记工作
    C．会计档案的保管工作　　　　　D．明细账的登记工作

三、多项选择题

1. 会计人员的基本职责包括( )。
    A．进行会计核算
    B．实行会计监督
    C．拟定本单位办理会计事务的制度和具体办法
    D．参与拟订经济计划、业务计划，编制预算和财务计划并考核、分析其实际执行情况
2. 企业会计准则由( )层次组成。
    A．具体会计制度　　　　　　　　B．基本会计准则
    C．具体会计准则　　　　　　　　D．会计准则应用指南
3. ( )均有其有效的保管期限。
    A．会计账簿　　　　　　　　　　B．年度会计报表
    C．季度会计报表　　　　　　　　D．会计凭证
4. 企业会计工作的组织形式通常分为( )。
    A．独立核算　　　　　　　　　　B．群众核算
    C．集中核算　　　　　　　　　　D．非集中核算
5. 会计人员有权参与本单位的( )工作。
    A．生产管理　　　　　　　　　　B．编制计划
    C．制定定额　　　　　　　　　　D．签订经济合同
6. 会计法规定，出纳人员不得兼管的工作有( )。
    A．稽核　　　　　　　　　　　　B．会计档案保管
    C．收入费用登记　　　　　　　　D．债权债务账目的登记
7. 会计专业技术职称包括( )。
    A．注册会计师　　　　　　　　　B．高级会计师
    C．助理会计师　　　　　　　　　D．会计师
8. 我国会计法律规范体系的构成层次包括( )。
    A．会计法律　　　　　　　　　　B．行政法规
    C．部门规章　　　　　　　　　　D．地方性会计法规

四、判断题

1. 审核无误的原始凭证是编制记账凭证的依据。　　　　　　　　　　　　( )
2. 会计人员的技术职称分为会计员、助理会计师、会计师、总会计师。　　( )
3. 企业会计工作的组织形式有集中核算与非集中核算两种。　　　　　　　( )
4. 往来款项的清查一般采用实地盘点法。　　　　　　　　　　　　　　　( )

5．各种会计核算形式的主要区别是登记总账的格式不同。（ ）
6．《会计档案管理办法》规定，总分类账、明细分类账、库存现金日记账的保管期为25年。（ ）
7．明细分类账一般采用活页式账簿进行登记。（ ）
8．会计职业道德是一定社会调节人际关系的行为规范的总和，属于上层建筑的范畴。（ ）
9．会计工作交接之后，监交人员应当对所移交的会计资料的真实性、完整性负责。（ ）
10．大中型企业、事业单位、业务主管部门应当根据法律及国家有关规定设置总会计师。（ ）

实验指导

实验一 建 账

一、建账的目的

建账即建立完整的账簿体系,是每个单位会计工作的核心部分,是进行各项经济活动的起点,也是与经济活动同步进行的核心信息载体。建账可保证财产物资的安全完整,可为编制会计报表提供资料,同时可以全面、系统、连续地记录和反映各项经济业务。

二、建账的要求及注意事项

(1) 各单位至少需要设置以下"四本账"。

① 现金日记账:一本,必须采用订本式账簿,由出纳员负责。

② 银行存款日记账:一本,必须采用订本式账簿,由出纳员负责。

③ 总账:一本,必须采用订本式账簿,由总账会计负责。

④ 明细账:至少一本,一般采用活页式及卡片式账簿,由明细账会计(可多人多岗分工)负责。

(2) 登记账簿时要用蓝黑墨水或碳素墨水笔书写,不得使用铅笔或圆珠笔。红色墨水笔只能按规定用途使用,如改错、冲账、登记负数(赤字)等。账簿中书写的文字和数字不要写满格,一般应占格距的1/2(即上半格空白,以方便改错时用;在下半格书写)。

(3) 启用会计账簿时,应当在账簿封面上写明单位名称和账簿名称。

(4) 启用订本式账簿时,应当从第一页到最后一页顺序编定页数,不得跳页、缺号。要根据业务量大小为每个账户预留若干空白账页。

(5) 活页式账页的每一扎也都附有一张启用表。使用活页式账簿时,应当按账户顺序编号,并须定期装订成册。装订后再按实际使用的账页顺序编定页码,另加目录(记录每个账户的名称和页次)。

(6) 一般应将一级科目的名称写在账页的正中横线处或左上角,将明细科目写在账页的右上角,借以确定账户的名称。一张账页上,不能开设两个不同的账户。

(7) 关于印花税票的说明。印花税是对经济活动和经济交往中书立、领受的应税经济凭证所征收的一种税。1988 年 8 月,国务院公布了《中华人民共和国印花税暂行条例》,于同年 10 月 1 日开始实施。印花税票是缴纳印花税的完税凭证,由国家税务总局负责监制。其票面金额以人民币为单位,分为壹角、贰角、伍角、壹元、贰元、伍元、拾元、伍拾元、壹佰元 9 种。

对于记载资金的营业账簿,以实收资本和资本公积两项合计的金额为计税依据(一般为万分之五)。经营期间,新的会计年度建账时按每册 5 元缴纳。

印花税实行由纳税人根据规定自行计算应纳税额,购买并一次贴足印花税票(简称贴花)的缴纳办法。印花税由会计人员自行贴花,自行加盖注销印鉴。

印花税的纳税环节应当在书立或领受时贴花。在营业账簿上贴印花税票,须在账簿首页右上角粘贴,不准粘贴在账夹上。

在应纳税凭证上未贴或者少贴印花税票的,税务机关除责令其补贴印花税票外,可处以应补贴印花税票金额 3~5 倍的罚款;对未按规定注销或画销已贴用的印花税票的,税务机关可处以未注销或者画销印花税票金额 1~3 倍的罚款;纳税人把已贴用的印花税票揭下重用的,税务机关可处以重用印花税票金额 5 倍或者 2 000 元以上 10 000 元以下的罚款。

(8) 索引纸(也称口取纸):上面标写账户名称,并贴在账页边上,以供查找账户。

三、建账的步骤

1. 建立现金日记账的步骤

1) 填制账簿启用表

找到《填制账簿启用表》(见实验附件),根据建账资料,填制和谐通信有限公司现金日记账的账簿启用表。填制内容包括:①启用日期;②账簿页数;③记账人员姓名、盖章;④会计机构负责人、会计主管人员姓名、盖章;⑤单位公章;⑥记账人员或者会计机构负责人、会计主管人员调动工作时,应当注明交接日期、接办人员、监交人员姓名,并由交接双方人员签字、盖章。

2) 填写现金日记账的账户名称和期初余额

在实验附件中找到现金日记账的账页,根据建账资料,填制现金日记账的账户名称(有时账页已经印好)、时间、摘要和期初余额等信息。

2. 建立银行存款日记账的步骤

1) 填制账簿启用表

银行存款日记账填制账簿启用表的格式、方法与现金日记账填制账簿启用表的格式、方法相同。此项实验省略。

2) 填写银行存款日记账的账户名称和期初余额

在实验附件中找到银行存款日记账的账页,根据建账资料,填制银行存款日记账的账户名称(有时账页已经印好)、时间、摘要和期初余额等信息。

3. 建立总分类账的步骤

1) 填制账簿启用表

总分类账填制账簿启用表的格式、方法与现金日记账填制账簿启用表的格式、方法相同,此项实验省略。

2) 填写总分类账的账户名称和期初余额

在实验附件中找到总分类账的账页,根据建账资料中"和谐通信有限公司 201×年 7 月 1 日各总分类账户余额一览表",逐个填制总分类账的账户名称、时间、摘要和期初余额等信息,每个总分类账的账户占 1 页,银行存款总分类账的账户占用 2 页(因为资料中涉及银行存款的业务较多)。

3) 填制总账目录

根据前面完成的实验填写总分类账的账户名称和期初余额情况,找到《总账目录》,填制每个总分类账户的编号、户名和页数。

4. 建立明细账的步骤

1) 填制账簿启用表

明细账填制账簿启用表的格式、方法与现金日记账填制账簿启用表的格式、方法相同,此项实验省略。

2) 填写明细账的账户名称和期初余额

在实验附件中找到每类明细账的账页,根据建账资料,逐个填制每类、每个明细账的账户名称、时间、摘要和期初余额等信息(填写方法与填写日记账、总账大同小异),每个明细账的账户占 1 页。明细账的账页常用格式至少有 6 种,每类可以选取重点明细账户进行开设,具体明细账户由任课教师根据学时等情况进行取舍(尤其是三栏式账页的明细账户,不必全部开设,选几个实验示范即可)。

(1) 使用三栏式账页的明细账户:应收票据、应收账款、其他应收款、待摊费用、长期债权投资、无形资产、待处理财产损益、短期借款、应付账款、应付工资、应付福利费、应交税费("应交税费——应交增值税"除外)、应付股利、其他应交款、其他应付款、预提费用、长期借款、实收资本、盈余公积、本年利润、利润分配、营业税金及附加、投资收益、营业外收入、营业外支出、所得税费用。

(2) 使用数量金额式账页的明细账户:材料采购、原材料、周转材料、库存商品、主营业务收入、主营业务成本、其他业务收入、其他业务成本。

(3) 使用多栏式账页的明细账户:制造费用、销售费用、管理费用、财务费用。

(4) 使用生产成本专用账页的明细账户:生产成本。

(5) 使用固定资产专用账页的明细账户:固定资产、累计折旧。

(6) 使用应交增值税专用账页的明细账户:应交税费——应交增值税。

3) 填制明细账目录

填制明细账目录的格式、方法与填制总账目录的格式、方法相同,此项实验省略。

四、建账的资料

1. 基本情况

(1) 公司名称：和谐通信有限公司。

(2) 企业地址：天津春城路 20 号，电话：23458888，邮码：300384。

(3) 纳税人登记号：001204252001356。

(4) 开户银行：农行天津市分行红旗路分理处，账号：708—046—1598。

(5) 企业性质：国有企业、一般纳税人。

(6) 经营范围：生产与销售手机，主要产品为 55 型手机与 66 型手机。

(7) 所用主要材料：甲材料、乙材料、丙材料、丁材料。

(8) 会计记账：采用借贷记账法。

(9) 法定代表人：徐树。

(10) 会计主管：赵甲。

    总账会计：钱双。

    出纳员：孙玉。

    明细账会计：李丁。

(11) 会计核算形式：记账凭证核算形式。

2. 实验公司账务期初资料

(1) 和谐通信有限公司 201×年 7 月 1 日各总分类账户余额一览表(三栏式账页)。

账户名称	借方余额	账户名称	贷方余额	账户名称(损益类)	余 额
库存现金	1 200.00	累计折旧	120 000.00	主营业务收入	—
银行存款	799 105.00	短期借款	25 000.00	其他业务收入	
应收票据	—	应付账款	130 000.00	投资收益	
应收账款	35 100.00	应付职工薪酬	—	营业外收入	
其他应收款	900.00	应付股利	36 000.00	主营业务成本	
材料采购	—	应交税费	23 825.50	营业税金及附加	
原材料	164 000.00	其他应付款	—	其他业务成本	
包装物	500.00	预提费用	1 100.00	销售费用	
库存商品	210 000.00	长期借款	150 000.00	管理费用	
待摊费用	1 345.00	实收资本	1 020 900.00	财务费用	
长期债权投资	60 000.00	资本公积	—	营业外支出	
固定资产	1 000 000.00	盈余公积	403 524.50	所得税费用	
无形资产	100 000.00	本年利润	900 000.00		
待处理财产损溢	2 200.00				
生产成本	36 000.00				
制造费用	—				
利润分配	400 000.00				
合计	2 810 350.00	合计	2 810 350.00	合计	—

(2) 和谐通信有限公司201×年7月1日有关明细分类账户资料一览表(三栏式账页)。

总 账	明 细 账	期初余额	总 账	明 细 账	期初余额
应收票据		—	应交税费	未交增值税	8 050.00
应收账款	大唐公司	5 100.00		城市维护建设税	563.50
	东方公司	11 000.00		应交所得税	14 890.00
	大都公司	17 200.00		应交教育费附加	241.50
	九河公司	1 800.00		防洪工程维护费	80.50
其他应收款	林建	900.00	应付股利	通信总公司	36 000.00
待摊费用	房屋租金	900.00		顺达公司	—
	书报费	445.00	其他应付款	蓝天幼儿园	—
长期债权投资	国库券			华都房产公司	—
无形资产	专利权	60 000.00	预提费用	借款利息	1 100.00
待处理财产损溢	甲材料	100 000.00	长期借款	天津建设银行	150 000.00
	进项税额转出	1 880.34	实收资本	通信总公司	820 000.00
短期借款	天津农业银行	319.66		顺达公司	200 900.00
应付账款	金羊城公司	25 000.00	盈余公积	法定盈余公积	403 524.50
	绿原公司	15 000.00	本年利润		900 000.00
	赤兔公司	23 000.00	利润分配	提取盈余公积	150 000.00
	德龙公司	25 000.00		提取发展基金	250 000.00
	青锋公司	7 000.00		未分配利润	—
	九顶公司	13 000.00	营业税金及附加		—
	超值公司	4 000.00	投资收益		—
	海天公司	33 000.00	营业外收入		—
		10 000.00	营业外支出		—
应付工资		—	所得税费用		—
应付福利费		—			

(3) 和谐通信有限公司201×年7月1日有关明细分类账户资料一览表(数量金额式账页)。

总 账	明细账	数 量	单 价	余 额	总 账	明 细 账	数 量	单 价	余 额
材料采购	甲材料	—	—	—	库存商品	55型手机	200 部	500.00	100 000.00
	乙材料	—	—	—		66型手机	110 部	1 000.00	110 000.00
	丙材料	—	—	—	主营业务收入	55型手机	—	—	—
	丁材料	—	—	—		66型手机	—	—	—
原材料	甲材料	80 千克	50.00	4 000.00	主营业务成本	55型手机			
	乙材料	300 盒	100.00	30 000.00		66型手机			
	丙材料	100 吨	500.00	50 000.00	其他业务收入				
	丁材料	40 吨	2 000.00	80 000.00	其他业务支出				
周转材料	包装盒	100 个	5.00	500.00					

(4) 和谐通信有限公司 201×年 7 月 1 日有关明细分类账户资料一览表(多栏式账页)。

总 账	期初余额	明细账格式
制造费用	—	多栏式账页
销售费用	—	多栏式账页
管理费用	—	多栏式账页
财务费用	—	多栏式账页

(5) 和谐通信有限公司 201×年 7 月 1 日有关明细分类账户资料一览表。

(生产成本专用账页)

总 账	明细账	数 量	单 价	期初余额
生产成本	55 型手机	180 部	200.00	36 000.00
	66 型手机	—	—	—

(6) 和谐通信有限公司 201×年 7 月 1 日有关明细分类账户资料一览表。

(固定资产专用账页)

总 账	明 细 账	期初余额	总 账	明 细 账	期初余额
固定资产	生产车间厂房	250 000.00	累计折旧	生产车间厂房	40 000.00
	生产车间设备	230 000.00		生产车间设备	30 000.00
	机修车间厂房	200 000.00		机修车间厂房	25 000.00
	机修车间设备	170 000.00		机修车间设备	15 000.00
	非生产用固定资产	150 000.00		非生产用固定资产	10 000.00

(7) 和谐通信有限公司 201×年 7 月 1 日有关明细分类账户资料一览表。

(应交增值税专用账页)

账 户	期初余额	明细账格式
应交税费——应交增值税	—	应交增值税专用账页

账簿启用表

使用单位									(贴印花税票处) 单位公章	
账簿名称										
账簿编号		总 册		第 册						
启用日期		年 月 日至		年 月 日						
单 位 负责人	姓名	盖章	主管 会计	姓名	盖章	记 账	姓名	盖章		
交接记录	日期	移交			接管			监交		
	年月日	职务	姓名	盖章	职务	姓名	盖章	职务	姓名	盖章
备注										

总账目录

编 号	户 名	页 数	编 号	户 名	页 数

实验二 填制会计凭证

一、填制会计凭证的目的

填制会计凭证(包括原始凭证和记账凭证两大类)是整个会计核算工作的起点和基础,是保证会计核算合理、合法、真实、可靠的一种专门方法。它具有提供原始资料、据以登记会计账簿、明确责任、实行会计监督等作用。

二、填制会计凭证的要求及注意事项

1. 填制会计凭证的一般要求及注意事项

(1) 填制会计凭证的字迹必须清晰、工整,阿拉伯数字应当一个一个地写,不得连笔写。阿拉伯金额数字前面应当书写货币币种符号,币种符号与阿拉伯金额数字之间不得留有空白。凡阿拉伯数字前写有币种符号的,数字后面不再写货币单位。

(2) 所有以"元"为单位的阿拉伯数字,除表示单价这一情况外,一律填写到角分;无角分的,角位和分位可写"00",或者符号"—";有角无分的,分位应当写"0",不得用符号"—"代替。

(3) 汉字大写数字金额一律用正楷或者行书体书写,不得用〇、一、二、三、四、五、六、七、八、九、十等简化字代替,不得任意自造简化字。大写金额数字到元或者角为止,在"元"或者"角"字之后应当写"整"字或者"正"字;大写金额数字有分的,分字后面不写"整"或者"正"字。

汉字大写时常用字有 19 个:壹、贰、叁、肆、伍、陆、柒、捌、玖、拾、佰、仟、万、亿、元(或圆)、角、分、零、整(或正)。

(4) 大写金额数字前未印有货币名称的,应当加填货币名称,货币名称与金额数字之间不得留有空白。

(5) 阿拉伯金额数字中间有"0"时,汉字大写金额要写"零"字;阿拉伯数字金额中间连续有几个"0"时,汉字大写金额中可以只写一个"零"字;阿拉伯金额数字元位是"0",或者数字中间连续有几个"0"、元位也是"0"但角位不是"0"时,汉字大写金额可以只写一个"零"字,也可以不写"零"字。

(6) 实行会计电算化的单位,对于机制记账凭证,要认真审核,做到会计科目使用正确,数字准确无误。打印出的机制记账凭证要加盖制单人员、审核人员、记账人员及会计机构负责人、会计主管人员印章或者有其签字。

(7) 公司会计凭证的传递程序应当科学、合理,具体办法由公司根据会计业务需要自行规定。

(8) 会计机构、会计人员要妥善保管会计凭证,会计凭证应当及时传递,不得积压。会计凭证登记完毕后,应当按照分类和编号顺序保管,不得散乱丢失。

(9) 记账凭证应当连同所附的原始凭证或者原始凭证汇总表,按照编号顺序,折叠整齐,按期装订成册,并加具封面,注明单位名称、年度、月份和起讫日期、凭证种类、起讫号码，由装订人在装订线封签处签字或者盖章。对于数量过多的原始凭证，可以单独装订保管，在封面上注明记账凭证日期、编号、种类，同时在记账凭证上注明"附件另订"和原始凭证名称及编号。

(10) 各种经济合同、存出保证金收据以及涉外文件等重要原始凭证，应当另编目录，单独登记保管，并在有关的记账凭证和原始凭证上相互注明日期和编号。

(11) 原始凭证不得外借，其他单位如因特殊原因需要使用原始凭证时，经本单位会计机构负责人、会计主管人员批准，可以复制。向外单位提供的原始凭证复制件，应当在专设的登记簿上登记，并由提供人员和收取人员共同签字或者盖章。

(12) 从外单位取得的原始凭证如有遗失：①应当取得盖有原开出单位公章的证明，并注明原来凭证的号码、金额和内容等，由经办单位会计机构负责人、会计主管人员和单位领导人批准后，才能代作原始凭证；②确实无法取得证明的，如火车、轮船、飞机票等凭证，由当事人写出详细情况，经办单位会计机构负责人、会计主管人员和单位领导人批准后，代作原始凭证。

(13) 封顶号与收尾号的使用：在原始凭证的大小写前面、原始凭证和记账凭证上面的合计数栏一般使用封顶号，注意在账页和报表中一般不使用封顶号。小写封顶号为"￥"；大写封顶号为"大写""RMB"或"⊗"。大写收尾号有"分""⊗整"或"正"；小写收尾号有阿拉伯数字(1、2、3、4、5、6、7、8、9、0)或符号"—"。

(14) 销号单的使用：为保证收款凭证、付款凭证、转账凭证每类连续编号，可采用编制收款凭证销号单、付款凭证销号单、转账凭证销号单的办法，避免编号混乱(以收款凭证销号单为例)。

收款凭证销号单

年　月　日至　年　月　日

1	2	3	4	5	6	7	8	9	10	11	12	13	14	15
16	17	18	19	20	21	22	23	24	25	26	27	28	29	30
31	32	33	34	35	36	37	38	39	40	41	42	43	44	45
46	47	48	49	50	51	52	53	54	55	56	57	58	59	60
61	62	63	64	65	66	67	68	69	70	71	72	73	74	75
76	77	78	79	80	81	82	83	84	85	86	87	88	89	90

(15) 对于"取款"和"存款"的业务要求只填制一张付款凭证，同时应避免重复记账。

2. 原始凭证的填制要求及注意事项

(1) 必须取得或者填制原始凭证的以下事项。

① 款项和有价证券的收付。

② 财物的收发、增减和使用。

③ 债权、债务的发生和结算。

④ 资本、基金的增减。

⑤ 收入、支出、费用、成本的计算。

⑥ 财务成果的计算和处理。

⑦ 其他会计核算事项。

(2) 原始凭证的内容必须具备：①凭证的名称；②填制凭证的日期；③填制凭证单位名称或者填制人姓名；④经办人员的签字或者盖章；⑤接受凭证的单位名称；⑥经济业务内容；⑦数量、单价和金额。

(3) 从外单位取得的原始凭证，必须盖有填制单位的公章；个人取得的原始凭证，必须有填制人员的签字或者盖章。自制原始凭证必须有经办单位领导人或者其指定的人员签字或者盖章。对外开出的原始凭证，必须加盖本单位公章。

(4) 凡填有大写和小写金额的原始凭证，大写与小写金额必须相符。购买实物的原始凭证，必须有验收证明；支付款项的原始凭证，必须有收款单位和收款人的收款证明。

(5) 一式几联的原始凭证，应当注明各联的用途，只能以一联作为报销凭证。一式几联的发票和收据，必须用双面复写纸(发票和收据本身具备复写纸功能的除外)套写，并连续编号。作废时应当加盖"作废"戳记，并连同存根一起保存，不得撕毁。

(6) 发生销货退回的，除填制退货发票外，还必须有退货验收证明；退款时，必须取得对方的收款收据或者汇款银行的凭证，不得以退货发票代替收据。

(7) 职工公出借款凭据，必须附在记账凭证之后。收回借款时，应当另开收据或者退还借据副本，不得退还原借款收据。

(8) 经上级有关部门批准的经济业务，应当将批准文件作为原始凭证附件。如果批准文件需要单独归档，应附上复印件，或在凭证上注明批准机关名称、日期和文件字号。

(9) 原始凭证不得涂改、挖补。发现原始凭证有错误的，应当由开出单位重开或者更正，更正处应当加盖开出单位的公章。

(10) 根据银行规定，支票必须用碳素墨水笔填写。支票按正联、存根、背面的顺序填写，最后盖章。支票正联上的出票日期，填写大写日期，如"签发日期：贰零壹伍年零柒月零捌日"；收款人填写全称；金额栏同时填写大小写金额(小写金额前填写人民币符号"￥")；用途栏根据实际用途填写。支票存根上的出票日期和金额，填写阿拉伯数字。支票背面填写券别及数量。上述内容填好后，经检查无误，在正本上的空白处(靠左)加盖"财务专用章"(预留银行印鉴)，收款人是本单位的，还应在现金支票背面的"收款人签章"处加盖"财务专用章"，然后将支票交给财务负责人，在支票正本"财务专用章"的右侧加盖"企业会计主管人名章"(预留银行印鉴)。实际工作中，把填好的支票按虚线剪开，持正联向银行提取现金或交给收款方，支票存根则作为记账依据。

3. **记账凭证的填制要求及注意事项**

(1) 记账凭证可以分为收款凭证、付款凭证和转账凭证。会计机构、会计人员要根据审核无误的原始凭证填制记账凭证。

(2) 记账凭证的内容必须具备：①填制凭证的日期；②凭证编号；③经济业务摘要；④会计科目；⑤金额；⑥所附原始凭证张数；⑦填制凭证人员、稽核人员、记账人员、会计机构负责人、会计主管人员签字或者盖章；⑧收款和付款记账凭证还应当由出纳人员签字或者盖章(以自制的原始凭证或者原始凭证汇总表代替记账凭证的，也必须具备记账凭证应有的项目)。

(3) 填制记账凭证时，应当对记账凭证进行连续编号。一笔经济业务需要填制两张及以上记账凭证的，可以采用分数编号法编号。

(4) 记账凭证可以根据每一张原始凭证填制，或者根据若干张同类原始凭证汇总填制，也可以根据原始凭证汇总表填制，但不得将不同内容和类别的原始凭证汇总填制在一张记账凭证上。

(5) 除结账和更正错误的记账凭证可以不附原始凭证外，其他记账凭证必须附有原始凭证。如果一张原始凭证涉及几张记账凭证，可以把原始凭证附在一张主要的记账凭证后面，并在其他记账凭证上注明附有该原始凭证的记账凭证的编号或者附原始凭证复印件。

(6) 一张原始凭证所列支出需要几个单位共同负担的，应当将其他单位负担的部分开给对方原始凭证分割单，进行结算。原始凭证分割单必须具备原始凭证的基本内容和费用分摊情况等。

(7) 如果在填制记账凭证时发生错误，应当重新填制。①已经登记入账的记账凭证，在当年内发现填写错误时，可以用红字填写一张与原内容相同的记账凭证，在摘要栏注明"注销×月×日×号凭证"字样，同时再用蓝字重新填制一张正确的记账凭证，注明"订正(或更正)×月×日×号凭证"字样。如果会计科目没有错误，只是金额错误，也可以将正确数字与错误数字之间的差额，另编一张调整的记账凭证，调增金额用蓝字，调减金额用红字(金额颜色决定增减)。②发现以前年度记账凭证有错误的，应当用蓝字填制一张更正的记账凭证。

(8) 记账凭证填制完经济业务事项后，如有空行，应当自金额栏最后一笔金额数字下的空行处至合计数上的空行处划线注销(即"/"式样)。

(9) 记账凭证的编号，在一个月内必须连续，以便查考。采用一种通用记账凭证，可按经济业务发生的先后顺序编号；采用专用记账凭证的，可按收、付、转记账凭证分类编号，如现收字第 1 号、银付字第 4 号、转字第 8 号等。若一笔经济业务需要填制两张以上记账凭证时，可采用分数编号法，如一项经济业务需要填制 3 张转账凭证，凭证顺序号为 18，这 3 张凭证的编号则分别为转字第 $18\frac{1}{3}$ 号、转字第 $18\frac{2}{3}$ 号、转字第 $18\frac{3}{3}$ 号。

三、填制会计凭证的步骤

根据后面的"填制会计凭证实验资料"和前面的"填制会计凭证要求及注意事项"，对每一项经济业务，根据文字叙述及原始凭证，进行以下操作。

(1) 完成填制原始凭证，提供未填制的原始凭证，创造学生锻炼的机会。

(2) 确定用哪一种记账凭证。记账凭证共分收款凭证、付款凭证和转账凭证三种(见《实验附件》)。根据前面的原始凭证内容填入后面的记账凭证中，最好把前面的原始凭证和后面的记账凭证都用剪刀裁下来，并把原始凭证用胶水粘贴在记账凭证的背面作为附件。完整的记账凭证的内容必须具备：①填制凭证的日期；②凭证编号；③经济业务摘要；④会计科目；⑤金额；⑥所附原始凭证张数；⑦填制凭证人员、稽核人员、记账人员、会计机构负责人、会计主管人员签字或者盖章；⑧收款和付款记账凭证还应当由出纳人员签字或者盖章。

(3) 每月末每类最后一张记账凭证的编号旁还要加注"全"字。记账凭证的编号对于凭证的完整无缺具有重要作用，不可忽视。

四、填制会计凭证的资料

下面为54项经济业务,请填制会计凭证。

(1) 7月2日,和谐通信有限公司(以下省略)收到通信总公司投入的资本金 150 000 元,款项已划入银行账户。

中国农业银行进账单(收账通知) 1

201×年7月2日   第 160 号

付款人	全称	通信总公司	收款人	全称	和谐通信有限公司
	账号	125—222777		账号	708—046—1598
	开户银行	工商行和平路分理处		开户银行	农行红旗路分理处
人民币(大写)		壹拾伍万元整	千 百 十 万 千 百 十 元 角 分 ¥ 1 5 0 0 0 0 0 0		
用途		投资			
票据张数	1	票据种类	转账支票		
单位主管 会计 复核 记账				收款人开户银行盖章	

(2) 7月3日,从工商银行借入长期借款 110 000 元,款项已划入企业开户银行账户。原始凭证"工商银行借款借据回单"(略)。

中国农业银行天津分行——特种转账贷方传票

201×年7月3日   第××号

付款人	全称	工商银行天津市分行	收款人	全称	和谐通信有限公司
	账号	12—6870		账号	708—046—1598
	开户银行	市工行 行号 023		开户银行	农行红旗路分理处
人民币(大写)		壹拾壹万元整	千 百 十 万 千 百 十 元 角 分 ¥ 1 1 0 0 0 0 0 0		
原凭证金额		赔偿金	科目:		
原凭证名称		号码	对方科目:		
转账原因	借款				
			银行盖章	复核员 记账员	

(3) 7月5日,收到顺达公司投入的生产车间设备一台,经评估确认价值为 45 000 元,可直接投入使用。其中原始凭证"会计师事务所的验资报告书"(略)。

和谐通信有限公司固定资产验收单

201×年7月5日

名称及规格	单位	数量	总值金额	总值中的安装费	使用年限	预计残值	存放地点
生产车间设备	台	1	45 000.00	0.00	5年	2 250.00	生产车间
注	预计净残值率5%						

验收部门:设备科   验收人:李丁   承办负责人:××   制单:××

(4) 7月7日，收到青青股份有限公司的商标权投资，其商标权评估价值为348 000元。原始凭证为"转让商标权协议书"和"会计师事务所资产评估报告"(略)。

(5) 7月8日，向金羊城公司购入甲材料40千克，单价50元，货款2 000元，增值税率17%。用电汇方式支付货款，邮电费23.4元，手续费1元。该项经济业务发生后，取得的原始凭证有5种：①"增值税专用发票发票联"；②"增值税专用发票抵扣联"；③"中国农业银行电汇凭证(回单)"；④"中国农业银行邮电费收据"；⑤"中国农业银行手续费收据"。(要求首先把相应的原始凭证填制完成，然后再编制记账凭证，以此类推。)

广州市增值税专用发票　　　　　　№8347324

发 票 联

开票日期：201×年7月8日

购货单位	名　称	和谐通信有限公司			纳税人登记号				001202252001356							
	地址、电话	天津春城路20号 23458888			开户银行及账号				农行红旗路 708—046—1598							
货物或应税劳务名称	规格型号	计量单位	数量	单价	金　额								税率	税　额		
					十	万	千	百	十	元	角	分		千	百	十	元	角	分
甲材料		千克	40	50			2	0	0	0	0	0	17%		3	4	0	0	0
合计					¥		2	0	0	0	0	0	17%	¥	3	4	0	0	0
价税合计	(大写)贰仟叁佰肆拾元整									¥2340.00									
销货单位	名　称	金羊城公司			纳税人登记号				522000111333666							
	地址、电话	中山路20号 81691687			开户银行及账号				广州建设银行 419—6662							

销货单位(章)　　　　　收款人：××　　　　　复核：××　　　　　开票人：××

注：增值税专用发票是一般纳税人销售货物或提供劳务时开具的发票，统一规定一式四联：第一联是存根联，销货单位留存备查；第二联是发票联，购货单位作付款的记账凭证；第三联是抵扣联，购货单位作扣税凭证；第四联是记账联，销货单位做销售的记账凭证。

中国农业银行电汇凭证(回单)

委托日期　　年　　月　　日　　第001号

汇款人	全　称				收款人	全　称			
	账　号					账　号			
	汇出地点		汇出行名称			汇入地点		汇入行名称	
金额	人民币：(大写)					千 百 十 万 千 百 十 元 角 分			
	汇款用途：					(汇出行盖章)			
上列款项已委托银行办理，持此回单查询									
单位主管　　会计　　出纳　　记账					年　月　日				

中国农业银行天津市分行　　邮电费收据　①

账号		户名				年　月　日								
结算种类		每笔邮费	每笔电报费	邮划份数	电划份数	金　额								银行盖章
						万	千	百	十	元	角	分		
汇兑	信汇	1.00												
	电汇		1%											
委托收款	邮寄回	2.00												
	电划回	1.00	1%											
汇票	银行汇票	1.00												
	银行承兑汇票	1.00												
单位主动查询退汇	信件查询退汇	1.00												
	电报查询退汇		3.00											
合计														
大　写　金　额						万	仟	佰	拾	元	角	分		

出纳　　　　　　复核　　　　　　记账　　　　　　制票

中国农业银行天津市分行　　手续费收据　①

账号	户名		年　月　日								
结算种类	份数	每笔单价	金　额								银行盖章
			十	万	千	百	十	元	角	分	
汇兑(信汇，电汇，银行汇票)		1.00									
委托收款(邮，电)		2.00									
本票、支票		1.50									
单位主动查询(信，电查询)		1.00									
退汇(信，电退汇)		1.10									
合计											
大　写　金　额				万	仟	佰	拾	元	角	分	

出纳　　　　　　复核　　　　　　记账　　　　　　制票

(6) 7月8日，向绿原公司购入乙材料30盒，单价100元，货款3 000元，增值税率17%，用转账支票付讫。

天津市增值税专用发票　　No.5647320

发 票 联

开票日期：201×年7月8日

购货单位	名称	和谐通信有限公司	纳税人登记号	001202252001356
	地址、电话	津春城路20号 23458888	开户银行及账号	农行红旗路 708—046—1598

货物或应税劳务名称	规格型号	计量单位	数量	单价	金额(十万千百十元角分)	税率	金额(千百十元角分)
乙材料		盒	30	100	3 0 0 0 0 0	17%	5 1 0 0 0
合计					¥3 0 0 0 0 0	17%	¥5 1 0 0 0

价税合计	(大写)叁仟伍佰壹拾元整		¥3 510.00
销货单位	名称	绿原公司	纳税人登记号	104259587374126
	地址、电话	马场道45号 20252618	开户银行及账号	天津建设银行 851—762

销货单位(章)　　　收款人：××　　　复核：××　　　开票人：××

中国农业银行 转账支票存根(津) 支票号码 No.2186 科　目： 对方科目： 签发日期：**2015年7月8日** 收款单位：**绿原公司** 金　额：**¥3 510.00** 用　途：**货款** 单位主管　会计	中国农业银行转账支票(津)　支票号码 No.2186 签发日期 **贰零壹伍** 年 **零柒** 月 **零捌** 日 收款单位：**绿原公司**　　签发人账号 708—046—1598 人民币 **叁仟伍佰壹拾元整**（大写）　　百十万千百十元角分　¥3 5 1 0 0 0 用途　**货款**　　　　　　　　银行会计分录： 上列款项请从我账户内支付　　科目(付)： 　　　　　　　　　　　　　　对方科目(收)： 　　　　　　　　　　　　　　付讫日期　年月日 签发人盖章　　　　　　　　　复核　记账　审单

注：支票分为转账支票(用于转账)和现金支票(用于支取现金)两种，有效期为10天。

(7) 7月8日，销售给大唐公司产品一批，其中销售55型手机5部，单价1 000元，销售货款计5 000元；66型手机2部，单价3 500元，销售货款计7 000元，增值税税率17%，全部款项已收妥入账。

天津市增值税专用发票　　　　No.22247320

记　账　联

开票日期：　　　　　　　　　　　　　　　　　　　　　　　年　月　日

购货单位	名　称	大唐公司	纳税人登记号	478038362137868
	地址、电话	天津南京路10号 81614123	开户银行及账号	工行南京路分理处31—529

货物或应税劳务名称	规格型号	计量单位	数量	单价	金额 十 万 千 百 十 元 角 分	税率	金额 千 百 十 元 角 分
合计							
价税合计				¥			
销货单位	名　称		纳税人登记号				
	地址、电话		开户银行及账号				

销货单位(章)　　　　收款人：××　　　　复核：××　　　　开票人：××

第　联

出　库　单　　　　第1001号

收货单位：大唐公司　　　　　　　　　　　　　　　　　　　　201×年7月28日

货号	品名	单位	数量	单价(元)	金额	备注
55型	手机	部	5	1 000	5 000.00	
66型	手机	部	2	3 500	7 000.00	
合计					¥12 000.00	

负责人：　　　　　　　　发货经手人：

中国农业银行进账单(收账通知) 1

年　月　日　　　　　第161号

付款人	全　称		收款人	全　称	
	账　号			账　号	
	开户银行			开户银行	
人民币(大写)			千 百 十 万 千 百 十 元 角 分		
用途	货款				
票据张数	1	票据种类	转账支票		

单位主管　　会计　　复核　　记账　　　　收款人开户银行盖章

(8) 7月10日，向赤兔公司购入丙材料一批10吨，单价420元，货款4 200元，增值税税率17%，另加付运费300元(销售应税货物而支付的运输费用，依10%的扣除率计算进项税额以予以抵扣，即运费的增值税进项税额为30元，净运费270元)，用转账支票结算。

第 2 部分 实验指导

天津市增值税专用发票　　№.23720061

发 票 联

开票日期：　　　　　　　　　　　　　　　　　　201×年7月10日

购货单位	名　称	和谐通信有限公司	纳税人登记号	001202252001356
	地址、电话	天津春城路20号 23458888	开户银行及账号	农行红旗路 708—046—1598

货物或应税劳务名称	规格型号	计量单位	数量	单价	金额 十万千百十元角分	税率	金额 千百十元角分
合　计							
价税合计					¥		

销货单位	名　称	赤兔公司	纳税人登记号	504259687374777
	地址、电话	蓟县别山镇 80825563	开户银行及账号	蓟县建设银行 18—316

销货单位(章)　　　　收款人：××　　　　复核：××　　　　开票人：××

中国农业银行转账支票存根(津)
支票号码 No.2187
科　目：
对方科目：
签发日期　年　月　日
收款单位：
金　额：
用　途：
单位主管　会计

中国农业银行转账支票(津)　　支票号码 No.2187

签发日期　　年　　月　　日
收款单位：＿＿＿＿＿＿　　　签发人账号 708—046—1598

人民币	百	十	万	千	百	十	元	角	分
(大写)									

用途＿＿＿＿＿
上列款项请从我账户内支付

签发人盖章

银行会计分录：
科目(付)＿＿＿＿＿
对方科目(收)：＿＿＿＿＿
付讫日期　年 月 日
复核　记账　审单

---

(9) 7月10日，向德龙公司购入丙材料15吨，单价400元，货款6 000元；购入丁材料4吨，单价2 000元，货款8 000元，增值税税率17%。购买材料的货款尚未支付。

第 2 部分 实验指导

河北省增值税专用发票　　　　No.27325052

发 票 联

开票日期：　　　　　　　　　　　　　　　　　　　　　　　　年　月　日

购货单位	名称					纳税人登记号														
	地址、电话					开户银行及账号														
货物或应税劳务名称	规格型号	计量单位	数量	单价	金额 十 万 千 百 十 元 角 分								税率	金额 千 百 十 元 角 分						
合计																				
价税合计											￥									
销货单位	名称	德龙公司				纳税人登记号	413028571917024													
	地址、电话	保定市乐凯路 82110537				开户银行及账号	保定交通银行　273—1300													

销货单位(章)　　　　收款人：××　　　　复核：××　　　　开票人：××

(10) 7月10日，公司开出转账支票，支付给德龙公司承运丙材料和丁材料的运输费用1 900元(运输费用按照丙材料和丁材料的重量进行分配)。

保定市公路货运收费发票　　　　交运(二)

发 票 联　　　　(04)No.822197

开户银行及账号：　　　201×年 7月10日

托运单位	和谐通信有限公司	受理单位	德龙公司	受理编号	04—101号
装货地点	保定市乐凯路	承运单位	德龙公司	运输合同	运287号
卸货地点	天津春城路20号	计吨办法	0.714吨/千米	计费里程	140千米
货物名称	件数	包装	规格	重量	货等级	周转量	空驶费率	比价率	金额
丙材料				15吨					1 500.00
丁材料				4吨					400.00
包车原因					包车费率				
加减成条件							加减成± %		
合计金额		(大写)壹仟玖佰元整					合计		￥1 900.00

制票单位：　　　　制票人：××　　　　复核：××　　　　收费章：
(请收款单位或收款人在背面盖章)

(11) 7月10日，财务科开出现金支票，从银行提取现金35 415元以备发放职工工资。

中国农业银行	中国农业银行现金支票(津)	支票号码 No.4532
现金支票存根(津)	签发日期　年　月　日	
支票号码 No.4532	收款单位：_____	签发单位账号 708—046—1598
科　　目：	人民币　　　　　　　　　百十万千百十元角分	
对方科目：	（大写）	
签发日期　年　月　日	用途_____	银行会计分录：
收款单位：_____	上列款项申请由	
金　　额：_____	和谐通信有限公司账户内付给	科目(付)_____
用　　途：_____		
	签发单位盖章	付讫日期　年　月　日
单位主管　会计		出纳　复核　记账

(请收款单位或收款人在背面盖章)

(12) 7月10日，公司向银行存款支付上月应交增值税及附加税费 7 460 元。该项经济业务发生后，取得的原始凭证为"中华人民共和国税收缴款书(国)""中华人民共和国税收缴款书(地)"(见表)。

注："国"即国家税务局的简称，"地"即地方税务局的简称。

中国农业银行	中国农业银行转账支票(津)	支票号码 No.2188
转账支票存根(津)	签发日期　年　月　日	
支票号码 No.2188	收款单位：_____	签发单位账号 708—046—1598
科　　目：	人民币　　　　　　　　　百十万千百十元角分	
对方科目：	（大写）	
签发日期　年　月　日	用途_____	银行会计分录：
收款单位：_____	上列款项申请由	
金　　额：_____	和谐通信有限公司账户内付给	科目(付)_____
用　　途：_____		
		付讫日期　年　月　日
单位主管　会计	签发单位盖章	出纳　复核　记账

中华人民共和国税收缴款书

(04)津国通缴 NO 3253851

表属关系：
经济类型：

缴款单位(人)	代码			
	全称	如意通信有限公司		
	开户银行	农行天津分行红旗路分理处		
	账号	708-046-1598		

填发日期：201X年7月10日

税款所属时期：201X年6月30日

征收机关：

品目名称	课税数量	计税金额或销售收入	预算科目		税率或单位税额	已缴或扣除额	实缴金额
			款项	级次			亿千百十万千百十元角分
手机		65 000.00	收款国库		17%	3 000.00	8 0 5 0 0 0
城市维护建设税			随增值税、消费税、营业税额征收		%		
教育费附加			随增值税、消费税、营业税额征收		%		
防洪工程维护费			随增值税、消费税、营业税额征收		%		
金额合计（大写）	⊗ 万 捌 仟 伍 佰 零 拾 零 元 零 角 零 分						￥8 0 5 0 0 0

税款限缴日期：201X年7月10日

缴款单位(人)(盖章)	国库(银行)盖章	上列款项已收妥并转收款单位账户
经办人(章)	税务机关(盖章)	国库　　　年　月　日
	填票人(章)	备注：

逾期不缴按税法规定加收滞纳金

中华人民共和国税收缴款书(地)

(04)津国通缴 NO 3253851

征收机关：

填发日期：20IX年7月10日

隶属关系：
经济类型：

缴款单位(人)	代码		
	全称	如意通信有限公司	
	开户银行	农行天津分行红旗路分理处	
	账号	708—046—1598	

税款所属时期：201X年6月30日

品目名称	课税数量	计税金额或销售收入	税率或单位税额	税款限缴日期	已缴或扣除额	实缴金额
						亿千百十万千百十元角分
城市维护建设税		8 050.00	7%			5 6 3 5 0 0
教育费附加		8 050.00	3%			2 4 1 5 0 0
防洪工程维护费		8 050.00	1%			8 0 5 0 0
金额合计(大写)	⊗万 仟 捌 佰 伍 拾 元 零 角 零 分					¥ 8 8 5 0 0

预算科目：款 项 级次
收款国库：

税务机关 (盖章)

缴款单位(盖章)

填票人(章)

经办人(章)

上列款项已收妥并转收款单位账户

国库(银行)盖章

年 月 日

逾期不缴按税法规定加收滞纳金

备注：

201X年 7 月 10 日

(13) 7月10日，公司以现金 35 415 元支付职工工资，并根据工资结算汇总表结算有关代扣款项(托儿费和房租)。

工资结算汇总表

单位：元

部门		应付工资					代扣款项		实发工资	领款签章
		基本	奖金	津贴	扣保险	合计	托儿费	房租		
55型车间	工人	7 500	1 900	2 650	1 100	10 950	850	1 103	8 997	××
	干部	2 000	500	600	300	2 800	360	927	1 513	×××
66型车间	工人	8 500	2 200	3 100	1 260	12 540	490	1 100	10 950	×××
	干部	2 500	550	620	305	3 365		690	2 675	×××
机修车间		4 600	490	1 600	680	6 010	900		5 110	××
厂部		5 000	1 170	1 500	750	6 920		750	6 170	×××
合计		30 100	6 810	10 070	4 395	42 585	2 600	4 570	35 415	

制表人：×× 　　　　记账：

(14) 7月17日，公司购买办公用品 520 元，以转账支票支付。

商业零售专用发票

发 票 联

购货人：和谐通信有限公司　　　　201×年7月17日　　　　商字(三)

商品名称	规格	数量	单位	单价	十	万	千	百	十	元	角	分
夹子		40	付	3.00				1	2	0	0	0
档案袋		55	个	2.00				1	1	0	0	0
复印纸		10	包	29.00				2	9	0	0	0
合计							¥	5	2	0	0	0
合计(大写)			伍佰贰拾元整									

企业名称：莲花超市　　　　会计：　　　　　　　　制表：

```
中国农业银行              中国农业银行转账支票(津)         支票号码 No.2189
转账支票存根(津)          签发日期    年    月    日
支票号码 No.2189          收款单位：_____      签发人账号 708—046—1598
科　目：                  ┌─────────────────────┬─┬─┬─┬─┬─┬─┬─┬─┐
对方科目：                │ 人民币              │百│十│万│千│百│十│元│角│分│
签发日期   年 月 日       │ (大写)              │ │ │ │ │ │ │ │ │ │
收款单位：_____         └─────────────────────┴─┴─┴─┴─┴─┴─┴─┴─┘
金  额：_____         用途                            银行会计分录：
用  途：_____         上列款项请从我账户内支付         科目(付)：_____
单位主管  会计            签发人盖章                      对方科目(收)：_____
                                                         付讫日期   年 月 日
                                                         复核    记账    审单
```

(15) 7月18日，以转账支票支付开西广告公司广告费 50 000 元，款项已从银行划出。开西广告公司开户行：中国银行天津分行，账号 601—9658。

中国农业银行 转账支票存根(津) 支票号码 No.2190	中国农业银行转账支票(津) 支票号码 No.2190
科　目： 对方科目： 签发日期　年 月 日 收款单位：＿＿＿＿＿ 金　额：＿＿＿＿＿ 用　途：＿＿＿＿＿ 单位主管　　会计	签发日期　　　年　月　日 收款单位：＿＿＿＿　签发人账号 708—046—1598 人民币(大写) ｜百｜十｜万｜千｜百｜十｜元｜角｜分｜ 用途＿＿＿＿　　　　　　银行会计分录： 上列款项请从我账户内支付　　科目(付)＿＿＿ 　　　　　　　　　　　　对方科目(收)：＿＿＿ 　　　　　　　　　　　　付讫日期　年 月 日 签发人盖章　　　　　　　复核　记账　审单

天津市广告业专用发票　　　　　第 4054212 号

发　票　联　　　　　　　　　　　广字(三)04(甲)

客户名称：和谐通信有限公司　　　　　2015 年 7 月 18 日

项　目	摘　要	数　量	单　价	百	十	万	千	百	十	元	角	分
	广告费											
合　计												
合计(大写)												

广告收费专用章：　　　　　　地址：　　　　　　开票人：

中国农业银行进账单(受理回执) 3

　　　　　　　　　　　　　　　年　月　日　　　　　　　　第 187 号

付款人	全　称		收款人	全　称	
	账　号			账　号	
	开户银行			开户银行	

人民币 (大写)		千	百	十	万	千	百	十	元	角	分

用途			
票据张数	1	票据种类	转账支票

单位主管　会计　复核　记账	付款人开户银行盖章

(16) 7 月 22 日，向银行申请办理汇票，以 7 000 元支付欠青锋公司的购料款，邮电费 70 元，手续费 1 元。该项业务发生后，取得的原始凭证为"银行汇票委托书存根联""手续费收据""邮电费收据"。

中国农业银行委托书(回单)

委托日期　　年　月　日　　　　　　　　　　　　　　　　　第 003 号

汇款人		收款人	青锋公司
账号和住址		账号和住址	商业银行 19—302，成都武侯路 3 号
兑付地点	省市　　　兑付行	汇款用途	货款
汇款金额	人民币(大写)	¥	
备注：		科目： 对方科目： 财务主管：　　复核：　　经办：	

中国农业银行天津市分行　邮电费收据　①

账号　　　　　　　户名　　　　　　年　月　日

结算种类		每笔邮费	每笔电报费	邮划份数	电划份数	金　额							银行盖章
						万	千	百	十	元	角	分	
汇兑	信汇	1.00											
	电汇		1%										
委托收款	邮寄回	2.00											
	电划回	1.00	1%										
汇票	银行汇票		1%										
	银行承兑汇票	1.00											
单位主动查询退汇	信件查询退汇	1.00											
	电报查询退汇		3.00										
合　计													
大写金额				万	仟	佰	拾	元	角	分			

出纳　　　　　　　复核　　　　　　　记账　　　　　　　制票

中国农业银行天津市分行　手续费收据　①

账号　　　　户名　　　　　年　月　日

结算种类	份数	每笔单价	金　额								银行盖章
			十万	千	百	十	元	角	分		
汇兑(信汇，电汇，银行汇票)		1.00									
委托收款(邮，电)		2.00									
本票、支票		1.50									
单位主动查询(信，电查询)		1.00									
退汇(信，电退汇)		1.10									
合　计											
大　写　金　额			万	仟	佰	拾	元	角	分		

出纳　　　　　　　复核　　　　　　　记账　　　　　　　制票

(17) 7月24日，上月一笔应付九顶公司的账款4 000元，批准列入企业的资本公积，因经核实对方机构撤销确实无法支付。该项经济业发生后，取得的原始凭证为"和谐通信有限公司董事会的授权批准书"(略)。

(18) 7月25日，公司收到银行转来的电费付款通知，7月电费4 000元，经查电表确定车间生产用电5 000度，管理部门用电3 000度。

同城委托收款凭证(付款通知) ③

委托日期　201×年7月25日　第×××号

付款人	全　称	和谐通信有限公司	收款人	全　称	西城电业局
	账　号	708—046—1598		账　号	31—75—226
	开户银行	农行红旗路分理处		开户银行	商行长江道分理处

委托金额	人民币：(大写)	肆仟元整	千 百 十 万 千 百 十 元 角 分 ¥ 4 0 0 0 0 0
款项内容	电费	委托收款凭证名称		附寄单证张数	15
备注：			付款单位须知：		
单位主管　　会计　　复核　　记账			付款人开户行收到日期：　年　月　日		

和谐通信有限公司电费分配表

201×年7月

用电单位	用电量/度	电费分配/元
车间生产用电	5 000.00	2 500.00
管理部门用电	3 000.00	1 500.00
合　计	8 000.00	4 000.00

审核：×××　　　　　　　　　　　　　　　　　　　　　　　　　　　填表：××

(19) 7月25日，公司收到银行转来的付款通知，7月电话费3 560元。

同城委托收款凭证(付款通知) ③

委托日期　201×年7月25日　第0045号

付款人	全　称		收款人	全　称	天津南开网通公司
	账　号			账　号	161—3869
	开户银行			开户银行	工行华苑分理处

委托金额	人民币：(大写)		千 百 十 万 千 百 十 元 角 分
款项内容		委托收款凭证名称		附寄单证张数	4
备注：			付款单位须知：		
单位主管　　会计　　复核　　记账			付款人开户行收到日期：　年　月　日		

(20) 7月26日，公司业务员林建参加展销会回来，报销差旅费800元，退回现金100元。

天津市国家税务局工商统一

收据　　　　　　　　　　No.0214693

年　月　日　　　　　　　　　　③

```
今收到＿＿＿＿＿＿＿＿＿＿＿＿＿＿＿＿＿＿＿＿＿＿
交　来＿＿＿＿＿＿＿＿＿＿＿＿＿＿＿＿＿＿＿＿＿＿
人民币(大写)＿＿＿＿＿＿＿＿＿＿＿＿＿¥＿＿＿＿＿
收款单位
公　章＿＿＿＿＿　　收款人：　　　　交款人：
```

注：本收据只作一切单位之间的"应收应付款""暂收暂付款"结算往来账款凭证，不得以本收据代替发票使用。

差旅费报销单

原始凭证 16 张　　　　　　　　201×年 7 月 26 日

单位名称	市场部			姓名	林建	职务	部门经理
出差事由	展销会				出差日期	自2010年7月20日	
到达地点	承德					至2010年7月25日	
项目	交通费				住宿费	伙食补助	
金额	火车	汽车	轮船	其他	二等房间 6 天	在途 1 天	住勤 6 天
	90.00	60.00		35.00	420.00	15.00	180.00
总计金额人民币(大写) 捌佰元整					¥800.00		
审批：徐树　　领款人：林建					备注		

财务主管：赵甲　　　　　　　　　　　　　　　出纳员：孙玉

(21) 7月26日，采购员周舟借支差旅费 2 350 元，出纳员先开出现金支票去银行提现，然后支付给采购员周舟现金。

中国农业银行现金支票存根(津)	**中国农业银行现金支票(津)**　　支票号码 No.4533
支票号码 No.4533	签发日期　年　月　日
科　目：	收款单位：＿＿＿＿＿　签发单位账号 708—046—1598
对方科目：	人民币(大写)　百十万千百十元角分
签发日期　年　月　日	
收款单位：＿＿＿＿＿	用途：＿＿＿＿＿＿＿＿＿＿＿＿＿＿　银行会计分录：
金　额：＿＿＿＿＿	上列款项申请由和谐通信有限公司账户内付给　科目(付)＿＿＿＿＿
用　途：＿＿＿＿＿	
	付讫日期　年　月　日
单位主管　　会计	签发单位盖章　　　　　　出纳　复核　记账

(请收款单位或收款人在背面盖章)

借 款 单

资金性质＿＿＿＿＿＿＿＿　　　　　　　201×年7月26日

借款单位：采购科周舟		
借款理由：赴上海调研		
借款数额：人民币(大写) 贰仟叁佰伍拾元整　　　￥2 350.00		
领导意见	财务主管核批	借款人：(签章)周舟
同意	同意	
徐树	赵甲	201×年7月26日

(22) 7月28日，公司采用电汇结算方式，为银行存款支付前欠德龙公司购料款 25 000 元，邮电费 50 元，手续费 1 元。

中国农业银行电汇凭证(回单)

委托日期　年　月　日　　　　　　　　　　　　　　　　　　　　　　　　第 006 号

汇款人	全　称				收款人	全　称	德龙公司								
	账　号					账　号	237—586—04								
	汇出地点		汇出行名			汇入地点	开封中原路8号			汇入行名		建行			
金额	人民币：(大写)						千	百	十	万	千	百	十	元	角	分
	汇款用途：						(汇出行盖章)								
	上列款项已委托银行办理，持此回单查询														
	单位主管　　会计　　出纳　　记账						年　月　日								

中国农业银行天津市分行　　邮电费收据　①

账号　　　　户名　　　　　年　月　日

结算种类		每笔邮费	每笔电报费	邮划份数	电划份数	金　额							银行盖章
						万	千	百	十	元	角	分	
汇兑	信汇	1.00											
	电汇		1%										
委托收款	邮寄回	2.00											
	电划回	1.00	1%										
汇票	银行汇票		1%										
	银行承兑汇票	1.00											
单位主动查询退汇	信件查询退汇	1.00											
	电报查询退汇		3.00										
合　计													
大写金额		万　仟　佰　拾　元　角　分											

出纳　　　　　　　　复核　　　　　　　　记账　　　　　　　　制票

中国农业银行天津市分行　　手续费收据　　①

账号　　　　　　户名　　　　　　年　月　日

结算种类	份数	每笔单价	金额									银行盖章
			十	万	千	百	十	元	角	分		
汇兑(信汇，电汇，银行汇票)		1.00										
委托收款(邮，电)		2.00										
本票、支票		1.50										
单位主动查询(信，电查询)		1.00										
退汇(信，电退汇)		1.10										
合　　计												
大写金额			万	仟	佰	拾	元	角	分			

出纳　　　　　　复核　　　　　　　　记账　　　　　　　　制票

(23) 7月28日，公司销售给东方有限公司66型手机53部，单价3 000元，货款159 000元，增值税税率17%，收到两个月期限商业汇票一张。

天津市增值税专用发票　　No.23705069

记账联

开票日期：　　年　月　日

购货单位	名称	东方有限公司			纳税人登记号	953000451222648											
	地址、电话	上海申花路7号 84941770			开户银行及账号	农行外滩分理处 02—430—15											
货物或应税劳务名称	规格型号	计量单位	数量	单价	金额								税率	税额			
					十	万	千	百	十	元	角	分		万	千	百	十	元	角	分
合计																	
价税合计					¥												
销货单位	名称				纳税人登记号												
	地址、电话				开户银行及账号												

销货单位(章)　　　收款人：××　　　　复核：××　　　　开票人：××

商业承兑汇票

委托日期			201×年7月28日										第007号	

付款人	全称				收款人	全称								
	账号					账号								
	开户银行					开户银行								
汇票金额		人民币(大写)			千	百	十	万	千	百	十	元	角	分
汇票到期日		201×年12月27日			交易合同号码:									
本汇票已经本单位承兑,到期日无条件支付票款。														
此致! 负责人		付款人盖章 经办人 年 月 日			汇票签发人盖章 负责人 经办人										

出 库 单   第1002号

收货单位_____   年 月 日

货号	品名	单位	数量	单价	金额	备注
合 计					¥	

负责人: 发货经手人:

(24) 7月29日,公司盘点财产物资,发现盘亏一台电机,原值2 500元,已经提取折旧2 000元;盘盈丙材料0.3吨,原因不明。其中原始凭证"材料盘点盈亏报告表"(略)。

固定资产盘点盈亏报告表

部门:66型车间   清查日期:201×年12月29日   第1页

设备编号	设备名称	设备型号	原值	已提折旧	盈、亏	净损失	备注
0015	电机	DA—11R	2 500.00	2 000.00	盘亏	500.00	

车间主任:×××   清查人员(签章)

(25) 7月29日，向金羊城公司购入甲材料200千克，单价50元，计10 000元；乙材料60盒，单价100元，计6 000元，增值税税率17%。货款由银行电汇，邮电费50元，手续费1元。

广州市增值税专用发票　　　　No.8347341

发　票　联

开票日期：　　年　月　日

购货单位	名　称		纳税人登记号	
	地址电话		开户银行及账号	

货物或应税劳务名称	规格型号	计量单位	数量	单价	金　额 十 万 千 百 十 元 角 分	税率	金　额 千 百 十 元 角 分
合计							
价税合计						￥	

销货单位	名　称		纳税人登记号	
	地址电话		开户银行及账号	

销货单位(章)　　　收款人：××　　　复核：××　　　开票人：××

中国农业银行电汇凭证(回单)

委托日期　　年　　月　　日　　　　　　　　第005号

汇款人	全称		收款人	全称									
	账号			账号									
	汇出地点		汇出行名		汇入地点			汇入行名					
金额	人民币：(大写)				千	百	十	万	千	百	十	元	角 分

汇款用途：	(汇出行盖章)
上列款项已委托银行办理，持此回单查询	年　月　日
单位主管　　会计　　出纳　　记账	

中国农业银行天津市分行　　邮电费收据　　①

账号	户名		年　月　日											
结算种类		每笔邮费	每笔电报费	邮划份数	电划份数	金　额								银行盖章
						万	千	百	十	元	角	分		
汇兑	信汇	1.00												
	电汇		1%											
委托收款	邮寄回	2.00												
	电划回	1.00	1%											
汇票	银行汇票	1.00												
	银行承兑汇票	1.00												
单位主动查询退汇	信件查询退汇	1.00												
	电报查询退汇		3.00											
合　计														
大写金额					万	仟	佰	拾	元	角	分			

出纳　　　　　　　复核　　　　　　　　　记账　　　　　　　　　制票

中国农业银行天津市分行　　手续费收据　　①

账号	户名	年　月　日										
结算种类	份数	每笔单价	金　额									银行盖章
			十万	万	千	百	十	元	角	分		
汇兑(信汇，电汇，银行汇票)		1.00										
委托收款(邮，电)		2.00										
本票、支票		1.50										
单位主动查询(信，电查询)		1.00										
退汇(信，电退汇)		1.10										
合　计												
大写金额				万	仟	佰	拾	元	角	分		

出纳　　　　　　　复核　　　　　　　　　记账　　　　　　　　　制票

(26) 7月31日，以转账支票付给平安运输公司承运甲材料200千克、乙材料60盒的运输费用1 600元(运输费用按照甲材料和乙材料的价值进行分配)。

广州市公路货运收费发票　　交运(二)

发票联　　　　　　　　　　　(04)No.822201

开户银行及账号：　　　　　　　　　　201×年7月31日

托运单位	和谐通信有限公司	受理单位	平安运输公司	受理编号	04—124号
装货地点	广州中山路20号	承运单位	平安运输公司	运输合同	运291号
卸货地点	天津春城路20号	计吨办法	/吨公里	计费里程	公里
货物名称	件数	单位	价值	货等级	周转量	空驶率	比价率	金额
甲材料			10 000元					1 000.00
乙材料			6 000元					600.00
包车原因		运货		包车费率				
加减成条件						加减成±	%	
合计金额		壹仟陆佰元整				合计		¥1 600.00

制票单位：　　　制票人：××　　　复核：×××　　　　收费章：

| 中国农业银行
转账支票存根(津)
支票号码 No.2191
科　目：
对方科目：
签发日期　年　月　日
收款单位：_____
金　额：_____
用　途：_____
单位主管　　会计 | 中国农业银行转账支票(津)　　支票号码 No.2191
　　　　　　签发日期　年　月　日
收款单位：_____　　　签发单位账号 708—046—1598
人民币
(大写) ｜百｜十｜万｜千｜百｜十｜元｜角｜分｜
用途_____
上列款项申请由和谐通信有限公司账户内付给
　　　　　　　　　　　　银行会计分录：
　　　　　　　　　　　　科目(付)_____
　　　　　　　　　　　　付讫日期　年　月　日
签发单位盖章　　　　　出纳　复核　记账 |

(请收款单位或收款人在背面盖章)

(27) 7月31日，公司以银行存款支付给蓝天幼儿园代扣职工的托儿管理费2 600元(转账支票结算)；支付给房产公司代扣职工的房租费4 570元(同城委托收款结算)。

| 中国农业银行
转账支票存根(津)
支票号码 No.2192
科　目：
对方科目：
签发日期　年　月　日
收款单位：_____
金　额：_____
用　途：_____
单位主管　　会计 | 中国农业银行转账支票(津)　　支票号码 No.2192
　　　　　　签发日期　年　月　日
收款单位：_____　　　签发人账号 708—046—1598
人民币
(大写) ｜百｜十｜万｜千｜百｜十｜元｜角｜分｜
用途_____
上列款项请从我账户内支付
　　　　　　　　　　　　银行会计分录：
　　　　　　　　　　　　科目(付)_____
　　　　　　　　　　　　对方科目(收)：_____
　　　　　　　　　　　　付讫日期　年　月　日
签发人盖章　　　　　复核　记账　审单 |

天津市行政事业性收费统一票证

缴款单位(人)：和谐通信有限公司　　201×年7月31日　　　　(02)市财甲字12号

收费项目	计量数量	收费标准	百	十	万	千	百	十	元	角	分	说　明
托儿管理费						2	6	0	0	0	0	
合计					¥	2	6	0	0	0	0	
合计人民币(大写)		贰仟陆佰元整										

收费单位(公章)　　　　　　　　　　　　收款人(章)

同城委托收款凭证(付款通知) ③

委托日期　201×年7月31日　　　　　　　　　　　　　　第0182号

付款人	全　称	和谐通信有限公司		收款人	全　称	新世房产公司								
	账　号	708—046—1598			账　号	708—204—35								
	开户银行	农行红旗路分理处			开户银行	农行成都道分理处								
委托金额	人民币:(大写)	肆仟伍佰柒拾元整		千	百	十	万	千	百	十	元	角	分	
							¥	4	5	7	0	0	0	
款项内容	统扣房租	委托收款凭证名称		附寄单证张数						9				
备注:				付款单位须知:										
单位主管　会计　复核　记账				付款人开户行收到日:　年　月　日										

(28) 7月31日，公司以现金购买银行借款合同书印花税15元，公司转让商标使用权合同书印花税120元，仓库租赁合同书印花税30.2元。其中原始凭证"印花税票请购单"(略)。

中华人民共和国　　　　　　　　　　　地
印花税票销售凭证　　　　　　　(2004)津地印

填发日期　201×年7月31日　　　　　　　　　　　第0652号

购买单位	和谐通信有限公司		购买人	孙玉	
购买印花税票					
面值种类	数　量	金　额	面值种类	数　量	金　额
壹角票			伍元票	1	5.00
贰角票	1	0.20	拾元票	6	60.00
伍角票			伍拾元票		
壹元票			壹佰元票	1	100.00
贰元票			总计		165.20
金额总计(大写)⊗拾⊗万⊗仟 壹 佰 陆 拾 伍 元 贰 角 零 分					
销售单位(盖章)	售票人(盖章)	备注			

(29) 7月31日，销售给大都公司55型手机65部，单价1 000元，货款计65 000元；66型手机12部，单价3 100元，货款计372 000元，增值税税率17%，货款尚未收到。

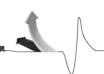

出 库 单 第 1021 号

收货单位：大都公司 201×年7月31日

货号	品名	单位	数量	单价(元)	金额	备注
55型	手机	部	65	1 000	65 000.00	
66型	手机	部	12	3 100	372 000.00	
合计					¥437 000.00	

负责人： 发货经手人：

天津市增值税专用发票 No. 48247320

记 账 联

开票日期： 年 月 日

购货单位	名称	大都公司		纳税人登记号		254803836213868													
	地址电话	北京平安街2号，23009871		开户银行及账号		工行东城分理处56—987													
货物或应税劳务名称		规格型号	计量单位	数量	单价	金 额								税率	金 额				
						十	万	千	百	十	元	角	分		千	百	十	元	角	分
合计																			
价税合计						¥													
销货单位	名称			纳税人登记号															
	地址、电话			开户银行及账号															

销货单位(章) 收款人：×× 复核：××× 开票人：××

(30) 7月31日，公司从下月开始起租仓库，在租约中双方约定年租金36 000元，租赁费用半年预付一次。以银行存款18 000元预付本年11月至下年4月的仓库租金，开出转账支票一张。

中国农业银行转账支票存根(津)支票号码 No.2193	中国农业银行转账支票(津)										支票号码 No.2193
	签发日期 年 月 日										
科 目：	收款单位：									签发人账号 708—046—1598	
对方科目：	人民币(大写)	百	十	万	千	百	十	元	角	分	
签发日期 年 月 日	用途									银行会计分录：	
收款单位：_____	上列款项请从我账户内支付									科目(付)_____	
金 额：_____										对方科目(收)：_____	
用 途：_____										付讫日期 年 月 日	
单位主管 会计	签发人盖章									复核 记账 审单	

天津市仓储专用结算凭证

发票联

第 205 号

单位：和谐通信有限公司　　　　　201×年7月31日　　　　　字(三)99(乙)

商品名称	规格	数量	单位	单价	百	十	万	千	百	十	元	角	分
租金	地下室	20	平方米					6	0	0	0	0	0
租金	二楼	30	平方米				1	2	0	0	0	0	0
合　计					¥		1	8	0	0	0	0	0
合计(大写)			壹万捌仟元整										

企业名称(盖章)：武平仓储公司　　　　　会计：×××　　　　　制表：××

(31) 7月31日，公司将上月由于自然灾害造成的待处理甲材料损失2 200元，批准列入企业营业外支出。该项经济业务发生后，取得的原始凭证为"和谐通信有限公司董事会授权批准书"(略)。

(32) 7月31日，公司出售不需用的包装盒100个，取得现金578.69元，并已送交银行。取得的原始凭证为"工业企业专用发票"(略)。

出　库　单

第 1022 号

收货单位：南开物资回收公司　　　　　年　月　日

货号	品名	单位	数量/个	单价/元	金额/元	备注
合计					¥	

负责人：　　　　　　　　　发货经手人：

中国农业银行天津市分行现金送款单(回单)

填送　　年　月　日　　开户银行：

单位全称		账号								
人民币 (大写)			十	万	千	百	十	元	角	分

款项来源						
券别	张数	金额	券别	张数	金额	经办员
一百元			五角			
五十元			二角			
十元			一角			
五元			五分			
二元			二分			
一元			一分			(银行盖章)

财务主管　　　　　会计　　　　　复核　　　　　记账

(33) 7月31日,公司上年应收海河公司1 800元的货款,因该公司倒闭无法收回,转作管理费用处理。

坏账损失处理报告单

客户名称	海河公司	损失金额	1 800元	原因	公司倒闭
处理意见	转作管理费用			201×年7月31日	
审批人	徐树	财务主管	赵甲	注册会计师	××

(34) 7月31日,公司工会组织文艺活动,花费2 160元,以转账支票付讫。

天津市服务业发票

发票联 津地税(0439)

顾客名称:和谐通信有限公司　　201×年7月31日　　320078号

项目	万	千	百	十	元	角	分	备注
服务费		2	1	6	0	0	0	
合计(大写)贰仟壹佰陆拾元整	¥	2	1	6	0	0	0	

收款人:　　　　　　　　　　　　　　　售票单位(章):天津第二文化宫

中国农业银行转账支票存根(津) 支票号码 No.2194	中国农业银行转账支票(津)　　支票号码 No.2194
科　目:	签发日期　年　月　日
对方科目:	收款单位:_____　签发人账号 708—046—1598
签发日期　年　月　日	人民币 (大写) 百 十 万 千 百 十 元 角 分
收款单位:_____	
金　额:_____	用途_____　　　　银行会计分录:
用　途:_____	上列款项请从我账户内支付　科目(付)_____
	对方科目(收):_____
	付讫日期　年　月　日
单位主管　　会计	签发人盖章　　　　　　复核　记账　审单

(35) 7月31日,公司向希望工程捐款8 000元。

希望工程捐款收据
希望工程基金会捐款专用

201×年7月31日　　　　　　No.0214

今收到和谐通信有限公司向希望工程捐款。

人民币(大写)捌仟元整　　　　　　¥8 000.00

会计　　　出纳　　　经手人　　　公章

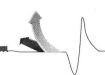

中国农业银行 转账支票存根(津) 支票号码 No.2195	中国农业银行转账支票(津) 支票号码 No.2195										
科　　目： 对方科目：	签发日期　　年　月　日 收款单位：＿＿＿＿＿＿＿＿＿＿　签发人账号 708—046—1598										
签发日期　年 月 日	人民币 (大写)	百	十	万	千	百	十	元	角	分	
收款单位：＿＿＿＿	用途＿＿＿＿＿＿＿＿＿＿＿＿	银行会计分录：									
金　　额：＿＿＿＿	上列款项请从我账户内支付	科目(付)＿＿＿＿＿＿									
用　　途：＿＿＿＿		对方科目(收)：＿＿＿＿									
单位主管　　会计	签发人盖章	付讫日期　　年 月 日 复核　　记账　　审单									

(36) 7月31日，公司职工狄江报销医药费1 000元，其中应由个人负担30%，以现金支付。

和谐通信有限公司药费报销单

姓　　名	狄　江	年　龄	32	工作部门	55型车间
单据张数	21张	应报比例		70%	
应报金额	1 000元	实报金额		700元	
批准人 签章	徐树 201×年7月31日	实报金额(大写)		RMB 柒佰元整	
		领款人签字		狄江 201×年7月31日	

复核：赵甲　　　　　　　　　　　　　　　　　　　　　　　　　　　出纳：孙玉

(37) 经主管部门批准，对前面的盘点做出处理：盘亏电机损失列入营业外支出；盘盈丙材料冲减管理费用。

```
               天津市×××局文件
               津×发20××第16号
和谐通信有限公司：
    关于你公司财产清查的申请批复意见如下：
    1. 盘亏电机属于合理损失，列入营业外支出；
    2. 盘盈丙材料属于未及时入账，应冲减管理费用。

               财政局(盖章)            主管部门(盖章)
                                      201×年7月31日
```

(38) 7月31日，公司的供应部门报来7月份采购清单，7月份采购的甲材料、乙材料、丙材料和丁材料已经全部办验收入库手续，并均已入库。该项经济业务发生后，取得的原始凭证"材料物资入库单"(略)。

材料采购成本计算表

年　月　日

项　目	甲材料 240 千克		乙材料 90 盒		丙材料 25 吨		丁材料 4 吨		总计
	单位成本	总成本	单位成本	总成本	单位成本	总成本	单位成本	总成本	
货　款									
运输费									
合　计									

制表：　　　　　　　　　　　　　　记账：

(39) 7 月 31 日，仓库转来 7 月份发出用于生产 55 型手机、66 型手机以及管理方面的各类材料的领料清单(发出材料按先进先出法计价)。

材料领料单汇总表

用途＼料别	甲材料		乙材料		丙材料		丁材料		合计
	数量	数量	数量	数量	金额	金额	金额	金额	
55 型手机耗用	120		90		18				
66 型手机耗用	80		150		7				
车间一般耗用	38		60						
厂部一般耗用							4		
合计	238		300		25		4		

制表：　　　　　　　　　　　　　　记账：

(40) 7 月 31 日，公司计算分配 7 月份应付职工工资。

工资费用分配汇总表

年　月　日

借方科目＼部门	应付工资				
	55 型车间	66 型车间	机修车间	厂部	合　计
生产成本					
制造费用					
管理费用					
合计					

制表：　　　　　　　　　　　　　　记账：

(41) 7月31日，公司按照工资总额的14%提取应付福利费。

应付福利费计算表

年　月　日

借方科目 \ 部门	应付福利费				
	55型车间	66型车间	机修车间	厂部	合　计
生产成本					
制造费用					
管理费用					
合计					

制表：　　　　　　　　　　　　　　记账：

(42) 7月31日，公司按照规定的折旧率计提固定资产折旧。

固定资产折旧计算表

年　月　日

折旧		部门	月初固定资产原价	月折旧率	折旧额	合　计
制造费用	生产车间	房屋建筑物		0.5%		
		机器设备		0.9%		
	机修车间	房屋建筑物		0.6%		
		机器设备		1.1%		
管理费用	厂部	非生产用		0.8%		
合计						

制表：　　　　　　　　　　　　　　记账：

(43) 7月31日，公司汇总7月份制造费用总额并进行分配(制造费用选择生产工人的工资比例作为分配标准，在55型手机与66型手机之间进行分配，制造费用分配率的小数点后保留四位)。

制造费用分配表

年　月　日

借方科目		生产工人工资/元	制造费用分配率
总账科目	明细科目		
合计			

制表：　　　　　　　　　　　　　　记账：

(44) 7月31日，公司结转7月份完工产品成本，7月份投产的55型手机和66型手机已经全部完工入库。

55型手机完工 125 部
66型手机完工 70 部

产品成本计算表

年　月　日

产品种类 成本项目	55型手机	66型手机	合计
直接材料			
直接工资			
福利费			
制造费用			
总成本			
单位成本			

制表：　　　　　　　　　　　　　　　　记账：

入　库　单　　　　　　　　　　　　　　第82号

发货单位：　　　　　　　　　　　　　　　　　　　　　年　月　日

货　号	品　名	单　位	数　量	单　价	金　额	备　注
合计					¥	

负责人：　　　　　　　　　　　　　　收货经手人：

(45) 7月31日，公司结转7月已销售产品的生产成本，结转生产成本采用先进先出法(该项经济业务的发生不需要填制原始凭证)。

(46) 7月31日，结转出售包装盒的实际成本(该项经济业务的发生不需要填制原始凭证)。

(47) 7月31日，公司摊销应由7月负担的仓库租金和书报费等。

待摊费用摊销计算表

年　月　日

摊销分类	摊销价值	摊销期限	已摊销价值	本次摊销价值	剩余价值
仓库租金	900.00	本年9月至12月(4个月)	225.00		
书报费	445.00	本年8月至12月(5个月)	178.00		
仓库租金	18 000.00	本年11月至下年4月(6个月)	—		

制表：　　　　　　　　　　　　　　　　记账：

(48) 7月31日，公司在有效期内摊销专利权和商标使用权。

无形资产摊销表

年　月　日

名　称	原　值	摊销期限	已摊销价值	本次摊销价值	剩余价值
专利权	100 000.00	5 年	30 000.00		
商标权	348 000.00	10 年	0.00		

制表：　　　　　　　　　　　　　　记账：

(49) 7月31日，公司预提应由7月负担的银行借款利息。该项经济业务发生后，原始凭证"借款合同"(略)。

预提费用计算表

年　月　日

借款类别	借款本金	月利率	本月预提额	备注
短期借款(农行)	25 000.00	3.1‰		
长期借款(建行)	150 000.00	2.8‰		
长期借款(工行)	110 000.00	2.2‰		

制表：　　　　　　　　　　　　　　记账：

(50) 7月31日，结转7月应交未交增值税并计提7月应缴城市维护建设税、教育费附加和防洪工程维护费。

附加税费计算表

年　月　日

税费名称	增值税额	税　率	应缴金额
城市维护建设税			
教育费附加			
防洪工程维护费			
合计			

制表：　　　　　　　　　　　　　　记账：

(51) 7月31日，结转7月取得的各项收入(该项经济业务的发生不需要填制原始凭证)。
(52) 7月31日，结转7月的各项支出(该项经济业务的发生不需要填制原始凭证)。
(53) 7月31日，计提并结转和谐通信有限公司7月应纳所得税额及企业盈余公积金，盈余公积金的提取比例为10%。

盈余公积计算表

年　月　日

项　　目	金　　额
1．利润总额(见"本年利润"余额)	
2．所得税(利润总额×33%)	
3．净利润(利润总额-所得税)	
4．盈余公积(净利润×10%)	
5．未分配利润(净利润-盈余公积)	

制表：　　　　　　　　　　　　记账：

(54) 7月31日，公司计提所得税及企业盈余公积金后，剩余利润的90%向投资者进行分配(分配比例为投资者的投资比例)。

利润分配计算表

___年___月

项　　目	金　　额
1．未分配利润	
2．应付股利(未分配利润×90%)	
(1) 通信总公司	
(2) 顺达公司	

制表：　　　　　　　　　　　　记账：

实验三 登记会计账簿

一、登记会计账簿的目的

为了便于了解组织单位在某一时期内的全部经济活动情况,取得经济管理所需要的一系列会计核算资料,并为编制会计报表提供依据,就必须在会计凭证的基础上设置和登记账簿。登记账簿是指把会计凭证上所记录的分散的、零星的会计信息,通过归类整理,登记到相应的账簿中,使之更加系统化。登记会计账簿是会计核算的一种专门方法,它在会计核算工作中具有重要作用,具体表现为:系统地登记和积累会计资料;为编制各种会计报表提供数据资料;考核经营成果,进行业绩评价;保证财产物资的安全完整。

二、登记会计账簿的要求及注意事项

(1) 公司应当按照国家统一会计制度的规定和会计业务的需要设置会计账簿。会计账簿包括总账、明细账、日记账和其他辅助性账簿。

(2) 现金日记账和银行存款日记账必须采用订本式账簿。不得用银行账单或者其他方法代替日记账。凡订本账,原账页不得因故撕毁、挖补、拆开重订。

(3) 实行会计电算化的单位,用计算机打印的会计账簿必须连续编号,经审核无误后装订成册,并由记账人员和会计机构负责人、会计主管人员签字或者盖章。

(4) 启用订本式账簿,应当从第一页到最后一页顺序编定页数,不得跳页、缺号。使用活页式账页,应当按账户顺序编号,并须定期装订成册。装订后再按实际使用的账页顺序编定页码,同时另加目录,记明每个账户的名称和页次。

(5) 会计人员应当根据审核无误的会计凭证登记会计账簿。登记账簿的基本要求有以下几个方面。

① 登记会计账簿时,应当将会计凭证日期、编号、业务内容摘要、金额和其他有关资料逐项记入账内,做到数字准确、摘要清楚、登记及时、字迹工整。

② 登记完毕后,要在记账凭证上签字或者盖章,并注明已经登账的符号,表示已经记账。

③ 各种账簿按页次顺序连续登记,不得跳行、隔页。如果发生跳行、隔页,应当将空行、空页划线注销,或者注明"此行空白""此页空白"字样,并由记账人员签字或者盖章。

④ 凡需要结出余额的账户,结出余额后,应当在"借或贷"等栏内写明"借"或者"贷"等字样。没有余额的账户,应当在"借或贷"等栏内写"平"字,并在余额栏内的"元"位用"0"表示。

⑤ 现金日记账和银行存款日记账必须逐日结出余额。

⑥ 翻页手续:每一账页登记完毕结转下页时,应当结出本页合计数及余额,写在本页最后一行和下页第一行有关栏内,并在摘要栏内注明"过次页"和"承前页"字样;也可以将本页合计数及金额只写在下页第一行有关栏内,并在摘要栏内注明"承前页"字样。

对需结计本月发生额的账户，结计"过次页"的本页合计数应当为自本月初起至本页末止的发生额合计数；对需要结计本年累计发生额的账户，结计"过次页"的本页合计数应当为自年初起至本页末止的累计数；对既不需要结计本月发生额也不需要结计本年累计发生额的账户，可以只将每页末的余额结转次页。

(6) 实行会计电算化的单位，应当定期打印总账和明细账。发生收款和付款业务的，在输入收款凭证和付款凭证的当天必须打印出现金日记账和银行存款日记账，并与库存现金核对无误。

(7) 账簿记录发生错误时，不准涂改、挖补、刮擦或者用药水消除字迹，不准重新抄写，必须按照下列方法进行更正。

① 登记账簿时发生错误，应当将错误的文字或者数字划红线注销，但必须使原有字迹仍可辨认；然后在划线上方填写正确的文字或者数字，并由记账人员在更正处盖章。对于错误的数字，应当全部划红线更正，不得只更正其中的错误数字。对于文字错误，可只划去错误的部分。

② 由于记账凭证错误而使账簿记录发生错误，应当按更正的记账凭证登记账簿。

(8) 会计账簿必须根据审核无误的记账凭证及其所附的原始凭证登记。应将会计凭证的日期、编号、业务内容摘要、金额和其他有关资料逐项记入账内。登记完毕后，应在记账凭证上的"记账符号"处注明"√"符号，表示已经记账。同时在记账凭证下的"记账"位置签字或盖章。

(9) 登记账簿时，凡需要登记会计科目的，必须填列会计科目的名称，或者同时填列会计科目的名称和编号。不能只填列会计科目的编号，不填列会计科目的名称。

三、登记会计账簿的步骤

1. 登记现金日记账的步骤

(1) 日期栏：由出纳员登记日记账，登记现金实际收付日期。

(2) 凭证号栏：登记所根据的收付款凭证的种类和编号。其中，种类是指收款或付款凭证。如现金收款凭证，可简写为"现收"，现金付款凭证和银行付款凭证(从银行提取现金)，可简写为"现付""银付"等，编号按规定的编号登记。

(3) 摘要栏：简要概括登记入账的经济业务的内容。一般根据凭证中的摘要栏填写。

(4) 对方科目栏：登记现金收入的来源科目或现金付出的用途科目。一般根据凭证中的对方科目填写。

(5) 借方栏：登记现金实际收入的金额。根据现金收款凭证和银行付款凭证中(从银行提取现金)所列金额填写。

(6) 借方栏：登记现金实际支出的金额。根据现金付款凭证所列金额填写。

(7) 余额栏：登记现金的余额。通常每笔现金收入或支出后，都要随时计算出一个余额。

2. 登记银行存款日记账的步骤

登记银行存款日记账的步骤与登记现金日记账的步骤基本相同。只是，由于银行存款的支付都是根据特定的结算凭证进行的，为了反映结算凭证的种类、编号，特开设"结算凭证"栏。结算凭证栏，分为"种类"和"编号"两个专栏，分别登记结算凭证的种类和编号。其中"种类"栏登记结算凭证的种类，如"现金支票""转账支票"等；"编号"栏登记结算凭证的号码，现金支票登记现金支票号码，转账支票登记转账支票号码，这样便于和银行对账。

3. 登记总账的步骤

总账会计登记总账。因为采用记账凭证核算形式，所以登记总账与登记现金日记账步骤基本相同。

4. 登记明细账的步骤

明细账会计人员登记明细账。

(1) 登记三栏式账页的明细账户：应收票据、应收账款、其他应收款、待摊费用、长期债权投资、无形资产、待处理财产损益、短期借款、应付账款、应付工资、应付福利费、应交税费("应交税费——应交增值税"除外)、应付股利、其他应交款、其他应付款、预提费用、长期借款、实收资本、盈余公积、本年利润、利润分配、营业税金及附加、投资收益、营业外收入、营业外支出、所得税费用。

(2) 登记数量金额式账页的明细账户：材料采购、原材料、周转材料、库存商品、主营业务收入、主营业务成本、其他业务收入、其他业务成本。

(3) 登记多栏式账页的明细账户：制造费用、销售费用、管理费用、财务费用。

(4) 登记生产成本专用账页的明细账户：生产成本。

(5) 登记固定资产专用账页的明细账户：固定资产、累计折旧。

(6) 登记应交增值税专用账页的明细账户：应交税费——应交增值税。

四、登记会计账簿的资料

登记会计账簿资料见实验附件中的《现金日记账账页》《银行存款日记账账页》《总分类账账页》及各种明细分类账账页。

实验四 对账与结账

一、对账与结账的目的

在会计工作中,由于种种原因,账簿记录难免会有错漏。例如,填制凭证的差错、记账或过账的差错、计算及往来结算错误等。发生这些差错的原因有两种情况:一种是会计人员主观上的原因造成的,如会计人员技术水平偏低、工作疏忽、工作状态不佳等;另一种是企业客观上的原因造成的,如财产物资自身的特性和自然原因等。因此,为了保证账簿记录的正确、完整、合理和可靠,如实地反映和监督经济活动,并为编制会计报表提供真实的数据和资料,就必须进行账簿之间的核对,确保账证相符、账账相符、账实相符。结账的目的通常是为了总结企业一定时期的财务状况和经营成果,因此结账工作一般是在会计期末进行的。

二、对账与结账的要求及注意事项

1. 对账要求及注意事项

公司应当定期对会计账簿记录的有关数字与库存实物、货币资金、有价证券、往来款项等进行相互核对,保证账证相符、账账相符、账实相符。对账工作每年至少进行一次,对账的时间通常是在月末,将本月内的全部经济业务登记入账,并结出各账户的期末余额。但是,如果出现人员调动等特殊情况时,应根据需要随时对账。

(1) 账证核对。核对会计账簿记录与原始凭证、记账凭证的时间、凭证字号、内容、金额是否一致,记账方向是否相符。

(2) 账账核对。核对不同会计账簿之间的账簿记录是否相符,包括:总账有关账户的余额核对、总账与明细账核对、总账与日记账核对、会计部门的财产物资明细账与财产物资保管及使用部门的有关明细账相核对。

(3) 账实核对。核对会计账簿记录与财产实有数额是否相符。包括:现金日记账账面余额与现金实际库存数相核对、银行存款日记账账面余额定期与银行对账单相核对、各种财物明细账账面余额与财物实存数额相核对、各种应收或应付款明细账账面余额与有关债务或债权单位或者个人核对等。

2. 结账的要求及注意事项

(1) 公司应当按照规定定期结账。

(2) 结账前,必须将本期内所发生的各项经济业务全部登记入账。

(3) 结账时,当结出每个账户的期末余额。需要结出当月发生额的,应当在摘要栏内注明"本月合计"的字样,并在下面通栏划单红线。需要结出本年累计发生额的,应当在摘要栏内注明"本年累计"的字样,并在下面通栏划单红线;12月末的"本年累计"就是全年累计发生额。全年累计发生额下面应当通栏划双红线。年度终了结账时,所有总账账户都应当结出全年发生额和年末余额。

(4) 年度终了，要把各账户的余额结转下年，并在摘要栏内注明"结转下年"的字样，在下年新账第一行余额栏填写上年结转的余额，并在摘要栏注明"上年结转"的字样。注意，不能为了提前编制会计报表而先结账，也不能先编会计报表后结账。

三、对账与结账的步骤

1. 账证核对

(1) 总分类账账证核对(总账会计)。总账与收、付款凭证、转账凭证及所附原始凭证逐项核对，在账上划"√"。

(2) 现金日记账账证核对(出纳员)。现金日记账与收、付款凭证及所附原始凭证逐项核对"现金"，在账上划"√"。

(3) 银行存款日记账账证核对(出纳员)。银行存款日记账与收、付款凭证及所附原始凭证逐项核对"银行存款"，在账上划"√"。

(4) 明细分类账账证核对(明细账会计)。明细账与收、付款凭证、转账凭证及所附原始凭证逐项核对，在账上划"√"。

2. 账账核对

(1) 总分类账账账核对(钱双)。根据总账的记录，编制《试算平衡表》。

(2) 现金日记账账账核对(孙玉)。现金日记账与总账核对"现金"的各项记录。

(3) 银行存款日记账账账核对(孙玉)。银行存款日记账与总账核对"银行存款"的各项记录。

(4) 明细分类账账账核对(李丁)。每类明细账户汇总后，再与总账核对其"总数"是否相符。

3. 账实核对

(1) 总分类账账实核对(钱双)。遵照账款分管原则，总分类账不需要账实核对。

(2) 现金日记账账实核对(孙玉)。采用账存数(账面余额)与实存数(保险柜内数)相核对的方法。

(3) 银行存款日记账账实核对(孙玉)。银行存款日记账与对账单同时勾对("√")，找出未达账项，编制银行存款余额调节表(见习题部分)。

(4) 明细分类账账实核对(李丁)。采用实地盘点法和询证核对法，进行账面余额与仓库、客户核对。

4. 月末结账

在最后一笔记录划一条通栏红线；红线下行摘要写"本月合计"及各栏数额(借方发生额要合计、贷方发生额要合计、余额及方向与前一行相同)；数额下再划一条通栏红线。总分类账、现金日记账、银行存款日记账及明细分类账都是这样操作。只有"固定资产明细账"的摘要另外写"累计"。

四、对账与结账的资料

试算平衡表

编制单位：_____   ____年__月__日

账户名称	期初余额		本期发生额		期末余额	
	借方	贷方	借方	贷方	借方	贷方
库存现金						
银行存款						
应收票据						
应收账款						
其他应收款						
材料采购						
原材料						
周转材料						
库存商品						
待摊费用						
长期债权投资						
固定资产						
累计折旧						
无形资产						
待处理财产损溢						
短期借款						
应付账款						
应付职工薪酬						
应付股利						
应交税费						
其他应付款						
预提费用						
长期借款						
实收资本						
盈余公积						
本年利润						
利润分配						
生产成本						
制造费用						
主营业务收入						

续表

账户名称	期初余额		本期发生额		期末余额	
	借方	贷方	借方	贷方	借方	贷方
其他业务收入						
投资收益						
营业外收入						
主营业务成本						
营业税金及附加						
其他业务成本						
销售费用						
管理费用						
财务费用						
营业外支出						
所得税费用						
合计						

编制人：

实验五　编制会计报表

一、编制会计报表的目的

编制财务会计报表是会计核算工作的重要内容，是实现会计目标的最终载体。会计的日常工作如设置会计账户、运用复式记账法填制和审核会计凭证以及登记会计账簿等。虽然已将企业的经济活动以及由这些经济活动所引起的财务状况变动情况，费用、成本的发生情况，收入、成果的计算和分配情况等进行了连续完整的分类反映，但是这些会计数据和资料仍然分散在各种会计账簿中，只是分别从不同角度说明经济业务中各个会计要素发生变化及其结果的具体情况，不能将分散的会计信息集中而有机地联系起来，总括地提供各会计主体的会计数据和资料，难以满足有关会计信息使用者的需求。所以，有必要在日常会计核算的基础上，根据会计信息使用者的需要，定期对日常会计核算资料进行归集、加工和整理，编制成财务会计报告，将企业的财务状况和经营成果概括而全面地反映出来，以便及时、准确、清晰地为会计信息使用者提供能使他们做出合理投资、贷款、经营管理及其他经营决策有用的会计信息资料。

二、编制会计报表的要求及注意事项

(1) 公司必须按照国家统一会计制度的规定，定期编制财务报告。财务报告包括会计报表及其说明；会计报表包括会计报表主表、会计报表附表和会计报表附注。

(2) 公司对外报送的财务报告(外部报表)应当根据国家统一会计制度规定的格式和要求编制。公司内部使用的财务报告(内部报表)，其格式由公司自行规定。

(3) 会计报表应当根据登记完整、核对无误的会计账簿记录和其他有关资料编制，做到数字真实、计算准确、内容完整、说明清楚。任何人不得篡改或者授意、指使、强令他人篡改会计报表的有关数字。

(4) 会计报表之间、会计报表各项目之间，凡有对应关系的数字，应当相互一致。本期会计报表与上期会计报表之间的有关数字应当相互衔接。如果不同会计年度会计报表中各项目的内容和核算方法有变更，应在年度会计报表中加以说明。

(5) 公司应当按照国家统一会计制度的规定认真编写会计报表附注及其说明，做到项目齐全、内容完整。

(6) 公司应当按照国家规定的期限对外报送财务报告。对外报送的财务报告应当依次编定页码，加具封面，装订成册，加盖公章。封面上应当注明：单位名称，单位地址，财务报告所属年度、季度、月度、送出日期，并由单位领导人、总会计师、会计机构负责人、会计主管人员签字或者盖章。单位领导人对财务报告的合法性、真实性负法律责任。

(7) 根据法律和国家有关规定应当对财务报告进行审计的，财务报告编制单位应当先行委托注册会计师进行审计，并将注册会计师出具的审计报告随同财务报告按照规定的期限报送有关部门。

(8) 如果发现对外报送的财务报告有错误，应当及时办理更正手续。除更正本单位留存的财务报告外，还应同时通知接受财务报告的单位更正。错误较多的，应当重新编报。

三、编制会计报表的步骤

1. 资产负债表的编制

(1) 本表"年初余额"栏内各项数字，应根据上年末资产负债表"期末数"栏内数字填列。

(2) "货币资金"＝"库存现金"＋"银行存款"＋"其他货币资金"。

(3) "存货"＝"材料采购"＋"原材料"＋"周转材料"＋"库存商品"＋"生产成本"＋"自制半成品"＋"分期收款发出商品"＋"委托加工物资"等。

(4) "未分配利润"＝"本年利润"(贷余)－"利润分配"(借余)。

(5) "应收账款"(借余)＝"应收账款"(借余)＋"预收账款"(借余)。
　　"预收账款"(贷余)＝"应收账款"(贷余)＋"预收账款"(贷余)。
　　"应付账款"(贷余)＝"应付账款"(贷余)＋"预付账款"(贷余)。
　　"预付账款"(借余)＝"应付账款"(借余)＋"预付账款"(借余)。

(6) "在建工程"项目，反映企业期末各项未完工程的实际支出。

(7) 其他项目根据相应科目的发生额直接填列。

2. 利润表的编制

(1) 本表"本期金额"栏反映各项目的本月实际发生数。"上期金额"栏反映各项目的上月实际发生数。

(2) "营业税金及附加"反映企业经营主要业务应负担的营业税、消费税、城市维护建设税、资源税、土地增值税和教育费附加等。

(3) "其他业务利润"根据"其他业务收入"和"其他业务成本"科目的发生额相减填列。

(4) 其他项目根据相应科目的发生额直接填列。

3. 应交增值税明细表的编制

(1) 本表反映企业应交增值税的情况。

(2) 本表"应交增值税"各项目的内容及其填列方法如下。

① "年初未抵扣数"反映企业年初尚未抵扣的增值税。本项目以"－"号填列。

② "销项税额"反映企业销售货物或提供应税劳务应收取的增值税额。本项目应根据"应交税金——应交增值税"明细科目"销项税额"专栏的记录填列。

③ "出口退税"反映企业出口货物退回的增值税款。本项目应根据"应交税金——应交增值税"明细科目"出口退税"专栏的记录填列。

④ "进项税额转出"反映企业购进货物、在产品、产成品等发生非正常损失以及因其他原因而不应从销项税额中抵扣按规定转出的进项税额。本项目应根据"应交税金——应交增值税"明细科目"进项税额转出"专栏的记录填列。

⑤ "转出多交增值税"反映企业月度终了转出多交的增值税。本项目应根据"应交税金——应交增值税"明细科目"转出多交增值税"专栏的记录填列。

⑥"进项税额"反映企业购入货物或接受应税劳务而支付的准予从销项税额中抵扣的增值税额。本项目应根据"应交税金——应交增值税"明细科目"进项税额"专栏的记录填列。

⑦"已交税金"反映企业已交纳的增值额。本项目应根据"应交税金——应交增值税"明细科目"已交税金"专栏的记录填列。

⑧"减免税款"反映企业按规定减免的增值税额。本项目应根据"应交税金——应交增值税"明细科目"减免税款"专栏的记录填列。

⑨"出口抵减内销产品应纳税额"反映企业按照规定计算的出口货物的进项税额抵减内销产品的应纳税额。本项目应根据"应交税金——应交增值税"明细科目"出口抵减内销产品应纳税额"专栏的记录填列。

⑩"转出未交增值税"反映企业月度终了转出未交的增值税。本项目应根据"应交税金——应交增值税"明细科目"转出未交增值税"专栏的记录填列。

(3) 本表"未交增值税"各项目,应根据"应交税金——未交增值税"明细科目的有关记录填列。

四、编制会计报表的资料

1. 资产负债表格式

资产负债表

会企01表

编制单位:　　　　　　　　　　　　年　月　日　　　　　　　　　　　单位:元

资产	期末余额	年初余额	负债和所有者权益（或股东权益）	期末余额	年初余额
流动资产:			流动负债:		
货币资金			短期借款		
交易性金融资产			交易性金融负债		
应收票据			应付票据		
应收账款			应付账款		
预付账款			预收款项		
应收利息			应付职工薪酬		
应收股利			应交税费		
其他应收款			应付利息		
存货			应付股利		
一年内到期的非流动资产			其他应付款		
其他流动资产			一年内到期的非流动负债		
流动资产合计			其他流动负债		
非流动资产:			流动负债合计		
可供出售金融资产			非流动负债:		
持有至到期投资			长期借款		
长期应付款			应付债券		
长期股权投资			长期应付款		

续表

资 产	期末余额	年初余额	负债和所有者权益(或股东权益)	期末余额	年初余额
投资性房地产			专项应付款		
固定资产			预计负债		
在建工程			递延所得税负债		
工程物资			其他长期负债		
固定资产清理			非流动负债合计		
生产性生物资产			负债合计		
油气资产			所有者权益(或股东权益):		
无形资产			实收资本(或股本)		
开发支出			资本公积		
商誉			减：库存股		
长期待摊费用			盈余公积		
递延所得税资产			未分配利润		
其他非流动资产			所有者权益(或股东权益)合计		
非流动资产合计					
资产总计			负债和所有者权益(或股东权益)总计		

2. 利润表格式

利 润 表

会企02表

编制单位： ____年__月 单位：元

项 目	本期金额	上期金额
一、营业收入		
减：营业成本		
营业税金及附加		
销售费用		
管理费用		
财务费用		
资产减值损失		
加：公允价值变动收益(损失以"一"号填列)		
投资收益(损失以"一"号填列)		
其中：对联营企业和合营企业的投资收益		
二、营业利润(亏损以"一"号填列)		
加：营业外收入		
减：营业外支出		
其中：非流动资产处置损失		
三、利润总额(亏损总额以"一"号填列)		
减：所得税费用		
四、净利润(净亏损以"一"号填列)		
五、每股收益		
1. 基本每股收益		
2. 稀释每股收益		

3. 应交增值税明细表格式

应交增值税明细表　　　　　　　会企01表附表3

编制单位：　　　　　　　　　　___年___月　　　　　　　　单位：元

项　　目	行次	本月数	本年累计数
一、应交增值税			
1．年初未抵扣数(以"—"号填列)	1	×	
2．销项税额	2		
出口退税	3		
进项税额转出	4		
转出多交增值税	5		
	6		
	7		
3．进项税额	8		
已交税金	9		
减免税款	10		
出口抵减内销产品应纳税额	11		
转出未交增值税	12		
	13		
	14		
4．期末未抵扣数(以"—"号填列)	15	×	
二、未交增值税			
1．年初未交数(多交数以"—"号填列)	16	×	
2．本期转入数(多交数以"—"号填列)	17		
3．本期已交数	18		
4．期末未交数(多交数以"—"号填列)	20	×	

实验六　管理会计档案

一、管理会计档案的目的

会计档案是指会计凭证、会计账簿和财务报告等会计核算专业材料，是记录和反映单位经济业务的重要史料和证据。会计档案是国家经济档案的重要组成部分，也是各单位的重要档案之一。会计档案作为会计事项的历史记录，是总结工作体验，指导经营管理人更好地进行决策、查验经济财务问题。因此，单位必须加强对会计档案管理工作的领导，建立和健全会计档案归档、保管、查阅和销毁等管理制度，管好用好会计档案。

二、管理会计档案的要求及注意事项

会计档案具体包括下面4类。①会计凭证类：原始凭证、记账凭证、汇总凭证、其他会计凭证；②会计账簿类：总账、明细账、日记账、固定资产卡片、辅助账簿、其他会计账簿；③财务报告类：月度、季度、年度财务报告，包括会计报表、附表、附注及文字说明以及其他财务报告；④其他类：银行存款余额调节表、银行对账单、其他应当保存的会计核算专业资料、会计档案移交清册、会计档案保管清册、会计档案销毁清册。

预算、计划、制度等文件材料，则执行文书档案管理规定，不同于会计档案。

我国境内所有单位的会计档案不得携带出境。驻外机构和境内单位在境外设立的企业(简称境外单位)的会计档案，应当按照此要求和国家有关规定进行管理。

几种清册，指学习会计原理时常见易混的几个清册概念。清册指详细登记有关项目的册子。

1. 四柱清册

四柱清册是宋代官方会计报账时编制的一种表册。四柱清册也叫四柱移交清册或奏销册。它原来是封建官府中移交钱粮时办理交代的报告清单，相当于现在的试算表，公式为

$$旧管+新收-开除=实在$$

2. 会计移交清册

(1) 会计人员调动工作或者因故离职，必须将本人所经管的会计工作全部移交给接替人员。没有办清交接手续的，不得调动或者离职。接替人员应当认真接管移交工作，并继续办理移交的未了事项。

(2) 会计人员办理移交手续前，必须及时做好以下工作：①已经受理的经济业务尚未填制会计凭证的，应当填制完毕；②尚未登记的账目，应当登记完毕，并在最后一笔余额后加盖经办人员印章；③整理应该移交的各项资料，对未了事项写出书面材料；④编制移交清册，列明应当移交的会计凭证、会计账簿、会计报表、印章、现金、有价证券、支票簿、发票、文件、其他会计资料和物品等内容；实行会计电算化的单位，从事该项工作的移交人员还应当在移交清册中列明会计软件及密码、会计软件数据磁盘(磁带等)及有关资料、实物等内容。

(3) 会计人员办理交接手续，必须由监交人负责监交。一般会计人员交接，由单位会计机构负责人、会计主管人员负责监交；会计机构负责人、会计主管人员交接，由单位领导人负责监交，必要时可由上级主管部门派人会同监交。

(4) 移交人员在办理移交时，要按移交清册逐项移交；接替人员要逐项核对点收。移交人员对所移交的会计凭证、会计账簿、会计报表和其他有关资料的合法性、真实性承担法律责任。

① 现金、有价证券要根据会计账簿有关记录进行点交。库存现金、有价证券必须与会计账簿记录保持一致，不一致时，移交人员必须限期查清。

② 会计凭证、会计账簿、会计报表和其他会计资料必须完整无缺。如有短缺，必须查清原因，并在移交清册中注明，由移交人员负责。

③ 银行存款账户余额要与银行对账单核对，如不一致，应当编制银行存款余额调节表调节且应相符，各种财产物资和债权债务的明细账户余额要与总账有关账户余额核对相符；必要时要抽查个别账户的余额与实物核对相符，或者与往来单位、个人核对清楚。

④ 移交人员经管的票据、印章和其他实物等，必须交接清楚；移交人员从事会计电算化工作的，要对有关电子数据在实际操作状态下进行交接。

⑤ 会计机构负责人、会计主管人员移交时，还必须将全部财务会计工作、重大财务收支和会计人员的情况等，向接替人员详细介绍。对需要移交的遗留问题，应当写出书面材料。

⑥ 交接完毕后，交接双方和监交人员要在移交清册上签字或者盖章。并应在移交清册上注明：单位名称、交接日期、交接双方和监交人员的职务和姓名、移交清册页数以及需要说明的问题和意见等。移交清册一般应当填制一式三份，交接双方各执一份，存档一份。

⑦ 接替人员应当继续使用移交的会计账簿，不得自行另立新账，以保持会计记录的连续性。

⑧ 会计人员临时离职或者因病不能工作且需要接替或者代理的，会计机构负责人、会计主管人员或者单位领导人必须指定有关人员接替或者代理，并办理交接手续。临时离职或者因病不能工作的会计人员恢复工作的，应当与接替或者代理人员办理交接手续。移交人员因病或者其他特殊原因不能亲自办理移交的，经单位领导人批准可由移交人员委托他人代办移交，但委托人应当承担会计档案的合法性、真实性的责任。

⑨ 单位撤销时，必须留有必要的会计人员，会同有关人员办理清理工作，编制决算。未移交前不得离职。接收单位和移交日期由主管部门确定。单位合并、分立的，其会计工作交接手续比照上述有关规定办理。

3. 会计档案保管清册

公司每年形成的会计档案，应当由会计机构按照归档要求，负责整理立卷，装订成册，编制会计档案保管清册。

4. 会计档案销毁清册

(1) 保管期满的会计档案，由本单位档案机构会同会计机构提出销毁意见，编制会计档案销毁清册，列明销毁会计档案的名称、卷号、册数、起止年度和档案编号、应保管期限、已保管期限、销毁时间等内容；经单位负责人在会计档案销毁清册上签署意见；销毁会计档案时，应当由档案机构和会计机构共同派员监销(国家机关销毁会计档案时，应当由同级财政部门、审计部门派员参加监销；财政部门销毁会计档案时，应当由同级审计部门派员参加监销)；监销人在销毁会计档案前，应当按照会计档案销毁清册所列内容清点核对所要销毁的会计档案；销毁后，应当在会计档案销毁清册上签字盖章，并将监销情况报告本单位负责人。

(2) 保管期满但未结清的债权债务原始凭证和涉及其他未了事项的原始凭证，不得销毁，应当单独抽出立卷，保管到未了事项完结时为止。单独抽出立卷的会计档案，应当在会计档案销毁清册和会计档案保管清册中列明。正在项目建设期间的建设单位，其保管期满的会计档案不得销毁。

(3) 企业、国家机关、社会团体、事业单位、按规定应当建账的个体工商户和其他组织(简称公司)管理会计档案，都应当根据《中华人民共和国会计法》《中华人民共和国档案法》和《会计档案管理办法》进行办理。

(4) 各级人民政府财政部门和档案行政管理部门共同负责会计档案工作的指导、监督和检查。

(5) 公司必须加强对会计档案管理工作的领导，建立会计档案的立卷、归档、保管、查阅和销毁等管理制度，保证会计档案妥善保管、有序存放、方便查阅，严防毁损、散失和泄密。

(6) 公司保存的会计档案不得借出。如有特殊需要，经本单位负责人批准，可以提供查阅或者复制，并办理登记手续。查阅或者复制会计档案的人员，严禁在会计档案上涂画、拆封和抽换。公司应当建立健全会计档案查阅、复制登记制度。

(7) 不同的会计档案发挥作用的时间是不同的，会计档案的保管期限分为永久和定期两类。定期的最低保管期限分为 3 年、5 年、10 年、15 年和 25 年，共 5 类。会计档案的保管期限，从会计年度终了后的第一天算起。

企业会计档案的具体名称如有同《企业和其他组织会计档案保管期限表》所列档案名称不相符的，可以比照类似档案的保管期限办理。

(8) 采用电子计算机进行会计核算的单位，应当保存打印出的纸质会计档案。

具备采用磁带、磁盘、光盘和微缩胶片等磁性介质保存会计档案条件的，由国务院业务主管部门统一规定，并报财政部、国家档案局备案。

单位因撤销、解散、破产或者其他原因而终止的，在终止和办理注销登记手续之前形成的会计档案，应当由终止单位的业务主管部门或财产所有者代管或移交有关档案馆管理。

(9) 单位分立后原单位存续的，其会计档案应当由分立后的存续方统一保管，其他方可查阅、复制与其业务相关会计档案；单位分立后原单位解散的，其会计档案应当经各方协商后由其中一方代管或移交档案馆代管，各方可查阅、复制与其业务相关的会计档案。

单位分立中未结清的会计事项所涉及的原始凭证，应当单独抽出由业务相关方保存，并按规定办理交接手续。

单位因业务移交其他单位办理所涉及的会计档案，应当由原单位保管，承接业务单位可查阅、复制与其业务相关的会计档案，对其中未结清的会计事项所涉及的原始凭证，应当单独抽出由业务承接单位保存，并按规定办理交接手续。

(10) 公司合并后原公司解散或一方存续其他方解散的，原公司的会计档案应当由合并后的单位统一保管；单位合并后原公司仍存续的，其会计档案仍应由原公司保管。

建设单位在项目建设期间形成的会计档案，应当在办理竣工决算后移交给建设项目的接受单位，并按规定办理交接手续。

我国财政部、国家档案局发布的《企业和其他组织会计档案保管期限表》(见下文)和《财政总预算、行政单位、事业单位和税收会计档案保管期限表》(略)，自1999年1月1日起执行。

(11) 各种会计凭证应在有关岗位之间及时传递，不得积压，登记完毕，应按照凭证的类别和编号顺序保管，不得散乱丢失。

(12) 原始凭证不得外借，其他单位和个人经单位领导批准调阅会计凭证时，要填写会计档案调阅表。需复制的要说明被复印制会计凭证名称、张数，经本单位同意后在会计人员的监督下复制，但不得拆散原卷册。

(13) 会计凭证应连同所附的原始凭证或原始凭证汇总表，及记账凭证汇总表一起，定期装订成册。凭证数量多时，可按5日或10日装订，凭证数量少时，可按半月或一月装订。

三、管理会计档案的步骤

1. 会计凭证的装订及管理

(1) 装订前，首先检查公司的本月全部记账凭证、附件以及会计凭证的封面及封底。每张记账凭证所附原始凭证的张数是否齐全，并对原始凭证进行必要的外形加工：对于过宽过长的附件应依据记账凭证的尺寸进行纵向或横向的折叠；对于过小的附件应粘贴在专用的原始凭证粘贴纸上。然后检查收付转记账凭证是否按自然数连续编号，有无跳号或重号现象。

(2) 先去掉大头针，在整理清点后的会计凭证前附上科目汇总表，加具封面，并向左上角磕齐，用夹子夹紧。

(3) 用锥子或装订机在整理好的记账凭证左上角扎两个孔(或在会计凭证左边扎三个孔)，用粗线绳或尼龙绳订好，将线结打在背面，再取宽约5厘米左右的牛皮纸条封好盖骑缝章。

(4) 填写会计凭证封面。如果把收、付、转三种凭证订在一起，本册号数应填自收1号至×号，付1号至×号，转1号至×号。封面各记事栏是事后查账和查证有关事项的最基础的索引。其中："月份编号"填本月共多少册，此本是第几册；"凭证张数"填本册共多少张；"记账凭证"的号数"自××年起至××年止"一栏也要填写清晰。这样，方便事后查找总分类账和明细分类账。还要把所附原始凭证张数加计清点，准确填好数字；装订年、月、日要如实填写；会计主管人员、装订人员要盖章，装订线上应有封签，并加盖骑缝章。

(5) 年度终了，应将装订成册的会计凭证归档保管。原则上应由财会部门编造清册登记《会计档案(会计凭证)目录》，一般可暂由本单位财会部门保管一年。期满后，移交本单位档案部门保管。

2. 会计账簿的装订及管理

(1) 年度终了，各种账簿(包括仓库的材料、产成品或商品的明细分类账)在结转下年、建立新账后，一般都要把旧账送交总账会计集中统一整理。

(2) 活页账按页码顺序排好,加封面后装订成本。

(3) 各种账簿按照会计科目顺序排列,据以逐本登记《会计档案(会计账簿)目录》,会计账簿封面的有关内容要写全。"单位名称"要写全称;"××账"要写账户的全称,不要只写科目的代号。"本账页数"要写账簿的有效页数,会计主管人员和记账员都要盖章;"保管期限"要填写统一规定的时间。卷脊上必须写上"××年度××账",写上案卷号,以便保存利用。

(4) 日常保管由记账人员负责,登记账簿时要保持书写整齐清洁,不得涂污,避免账页破损,保护账本完整。每日下班前,要整理账簿,加锁保存,防止丢失。账簿不得外借。

(5) 账簿于年终结账后,应先将活页账中的空白账页抽出,然后装订成册,再连同其他账簿一起编号归档保管。

3. 会计报表的装订及管理

(1) 每月由主管报表的会计人员将各种月报表整理装订。将资产负债表、利润表等叠放在一起,加具会计报表封面(封面格式略),用订书器订上。在实际工作中,如果单位还有其他附表,也要订在一起。填写会计报表封面,加盖公章。

(2) 年末,由主管报表的人员将全年会计报表,按时间顺序整理装订成册,登记《会计档案(会计报表)目录》,逐项填写报表名称、页数和归档日期等,经会计机构负责人审核、盖章后,由主管报表人员负责装盒归档。

四、管理会计档案的资料

会计档案销毁清册

序号	类别	案卷号	卷名	起止日期	页数	保管期限	已保管年数	备注

企业和其他组织会计档案保管期限表

序号	档案名称	保管期限	备 注
一、	会计凭证类		
1	原始凭证	15年	
2	记账凭证	15年	
3	汇总凭证	15年	
二、	会计账簿类		
4	总账	15年	包括日记总账
5	明细账	15年	
6	日记账	15年	现金和银行存款日记账保管25年
7	固定资产卡片		固定资产报废清理后保管5年
8	辅助账簿	15年	

续表

序号	档案名称	保管期限	备注
三、	财务报告类		包括各级主管部门汇总财务报告
9	月、季度财务报告	3年	包括文字分析
10	年度财务报告(决算)	永久	包括文字分析
四、	其他类		
11	会计移交清册	15年	
12	会计档案保管清册	永久	
13	会计档案销毁清册	永久	
14	银行余额调节表	5年	
15	银行对账单	5年	

第3部分

实验附件

一、收款凭证

收 款 凭 证

借方科目＿＿＿＿＿＿＿＿＿＿＿＿＿＿＿年＿月＿日＿＿＿＿＿＿＿＿＿＿＿字第＿＿号

缴款人	摘要	贷方科目		金 额										记账
		总账科目	明细科目	千	百	十	万	千	百	十	元	角	分	
结算方式及票号：		合 计 金 额												

会计主管　　　　　　记账　　　　　　稽核　　　　　　出纳　　　　　　制单

附凭证　　张

二、付款凭证

付 款 凭 证

借方科目_____ _____年__月__日 ____字第___号

缴款人	摘要	借方科目		金额									记账
		总账科目	明细科目	千	百	十	万	千	百	十	元	角	分	
		合计金额												

附凭证　张

会计主管　　　记账　　　稽核　　　出纳　　　制单　　　领款人签章

三、转账凭证

转 账 凭 证

_____年__月__日 ____字第___号

摘要	总账科目	明细科目	借方金额										贷方金额										记账
			千	百	十	万	千	百	十	元	角	分	千	百	十	万	千	百	十	元	角	分	
合计																							

附证　张

会计主管　　　　　　记账　　　　　　稽核　　　　　　制单

第3部分 实验附件

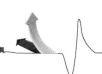

四、现金日记账

现 金 日 记 账

年		记账凭证字号	摘要	对方科目	借方金额（亿千百十万千百十元角分）	借或贷	贷方金额（亿千百十万千百十元角分）	借或贷	金额（亿千百十万千百十元角分）
月	日					√		√	

141

五、银行存款日记账

银行存款日记账

年		记账凭证字号	摘要	对方科目	结算方式及编号	借方 亿千百十万千百十元角分	贷方 亿千百十万千百十元角分	借或贷	金额 亿千百十万千百十元角分
月	日					✓	✓	✓	✓

六、总账

总 分 类 账

账户名称：　　　　　　　　　　　　　　　　　　　　　　　　　　　　　　　　　　　　　　编号：

年	记账凭证	摘要	对方科目	借方									贷方									借或贷	余额								
				百	十	万	千	百	十	元	角	分	百	十	万	千	百	十	元	角	分		百	十	万	千	百	十	元	角	分

七、数量金额式明细账

库：　　　区：

数量金额式明细账

名称：　　　编号：
单位：

年		凭证		摘要	借方				贷方				余额				对账符号
月	日	字	号		数量	单价	金额 千百十万千百十元角分		数量	单价	金额 千百十万千百十元角分		数量	单价	金额 千百十万千百十元角分		

八、生产成本明细账

生产成本明细账

年		凭证	摘要	借方				余额
月	日	种类 编号		材料费	人工费	福利费	制造费用	

九、多栏式明细账

多栏式

年		凭单号	摘要	借方	贷方	借或贷	余额	
月	日			百十万千百十元角分	百十万千百十元角分		百十万千百十元角分	百十万千百十元角分

明细账

百	十	万	千	百	十	元	角	分	百	十	万	千	百	十	元	角	分	百	十	万	千	百	十	元	角	分	百	十	万	千	百	十	元	角	分	百	十	万	千	百	十	元	角	分	百	十	万	千	百	十	元	角	分

十、应交增值税明细账

应交增值税

年		凭证		摘要	借方					
月	日	类	号		合计	进项税额	已交税金	减免税款	出口抵减内销产品应纳税额	转出未交增值税

明细账

贷方					借或贷	余额
合计	销项税额	出口退税	进项税额转出	转出多交增值税		
亿千百十万千百十元角分	亿千百十万千百十元角分	亿千百十万千百十元角分	亿千百十万千百十元角分	亿千百十万千百十元角分		百十万千百十元角分

十一、固定资产明细账

固定资产明细账

名称_____
编号_____ 使用年限_____ 折旧率（%）：_____ 年_____ 月
始用日期_____ 折旧额（元）：_____ 年_____ 月
规格_____ 预计残值_____

年				数量	原值		折旧		净值
月	日	凭证字号	摘要		借方	贷方	借方	贷方	

第4部分 习题集参考答案

第1章 总论

一、简答题

(答案略)

二、单项选择题

1. C   2. D   3. B   4. A
5. C   6. A   7. C   8. D

三、多项选择题

1. ABC   2. AD   3. BC   4. ABCD   5. ABCD
6. ABCD   7. BCD   8. ABCD   9. ABC

四、判断题

1. ×   2. √   3. √   4. √
5. ×   6. ×   7. ×   8. ×

第2章 会计的基本概念

一、简答题

(答案略)

二、单项选择题

1. D   2. A   3. C   4. A
5. B   6. D   7. A   8. C
9. B   10. B   11. A   12. B

三、多项选择题

1. BC   2. AC   3. BCD   4. ABC
5. BCD 6. ABC 7. ABC   8. ACD
9. AC   10. CD 11. ABCD

四、判断题

1. ×   2. ×   3. √   4. √   5. √   6. √
7. ×   8. ×   9. ×   10. × 11. √ 12. ×

五、核算题

习 题 一

单位：元

业务序号	会计要素及金额		
	资　产	负　债	所有者权益
(1)	1 500		
(2)	120 000		
(3)		100 000	
(4)	519 000		
(5)	194 000		
(6)	75 500		
(7)		150 000	
(8)		180 000	
(9)	1 420 000		
(10)			3 300 000
(11)	2 300 000		
(12)	250 000		420 000
(13)			550 000
(14)			
(15)	350 000		
(16)			530 000
合　计	5 230 000	430 000	4 800 000

资产总额(5 230 000)=负债总额(430 000)+所有者权益总额(4 800 000)，符合会计的基本等式。

习 题 二

(1) 资产和权益同增，资产总额为 980 000(780 000+200 000)元，会计等式保持平衡。

(2) 资产一方有增有减，资产总额不变，会计等式保持平衡。

(3) 资产和权益(负债)同时增加，资产总额为 992 000(980 000+12 000)元，会计等式保持平衡。

(4) 资产一方有增有减，资产总额不变，会计等式保持平衡。

(5) 资产和权益(负债)同减，资产总额为 982 000(992 000−10 000)元，会计等式保持平衡。

(6) 资产和权益(负债)同减，资产总额为 981 000(982 000-1 000)元，会计等式保持平衡。

(7) 资产和权益(负债)同减，资产总额为 953 000(981 000-28 000)元，会计等式保持平衡。

(8) 资产和权益同增，资产总额为 983 000(953 000+30 000)元，会计等式保持平衡。

(9) 所有者权益一方有增有减，资产总额不变，会计等式保持平衡。

(10) 资产和权益同增，资产总额为 1 033 000(983 000+50 000)元，会计等式保持平衡。

习 题 三

权责发生制与收付实现制计算对比表

单位：元

记账基础及业务	权责发生制		收付实现制	
	收　入	费　用	收　入	费　用
(1)			5 000	
(2)	78 000		54 000	
(3)			32 000	
(4)		1 200		3 600
(5)		2 400		2 400
(6)	2 600		2 600	
(7)				3 600
(8)		1 200		
(9)	23 000			
(10)		2 000		
合　计	103 600	6 800	93 600	9 600
毛　利	96 800		84 000	

第3章 会计科目与复式记账

一、简单题

(答案略)

二、单项选择题

1．A	2．D	3．B	4．B	5．B
6．C	7．B	8．B	9．B	10．B
11．D	12．C	13．A	14．B	15．A
16．A	17．B	18．C	19．C	20．B

三、多项选择题

1．ABCD	2．AB	3．AB	4．ABD
5．AB	6．BCD	7．BCD	8．BCD
9．AB	10．ACD	11．AB	12．ABC
13．ABC	14．ABC	15．BC	16．ACD
17．ABCD	18．ACD	19．ABC	20．AC

四、判断题

1. √ 2. × 3. × 4. × 5. √ 6. √ 7. ×
8. √ 9. × 10. √ 11. × 12. √ 13. √ 14. ×
15. √ 16. √ 17. × 18. √ 19. × 20. ×

五、核算题

习 题 一

单位：元

序号	项 目	账户名称	会计要素		
			资　产	负　债	所有者权益
(1)	出纳人员保管的款项	库存现金	500		
(2)	存放在银行里的款项	银行存款	140 000		
(3)	向银行借入6个月的款项	短期借款		180 000	
(4)	仓库中存放的材料	原材料	380 000		
(5)	仓库中存放的已完工产品	库存商品	60 000		
(6)	正在加工中在产品	生产成本	75 000		
(7)	从银行借入一年期限的借款	长期借款		720 000	
(8)	房屋及建筑物	固定资产	2 400 000		
(9)	所有者投入的资本	实收资本			2 360 000
(10)	机器设备	固定资产	750 000		
(11)	应收外单位的货款	应收账款	125 000		
(12)	应付给外单位的材料款	应付账款		120 000	
(13)	以前年积累的未分配利润	利润分配			220 000
(14)	欠交的税金	应交税费		60 000	
(15)	采购员预借的差旅费	其他应收款	4 500		
(16)	本月实现的利润	本年利润			140 000
(17)	运输部门运货用的卡车	固定资产	80 000		
(18)	专利权一项	无形资产	220 000		
(19)	提取的职工福利费	应付职工薪酬		100 000	
(20)	客户预付的购货款	预收账款		15 000	
(21)	欠投资者的利润	应付股利		200 000	
(22)	以前年提取的盈余公积金	盈余公积			120 000
	合　计		4 235 000	1 395 000	2 840 000

习 题 二

单位：元

账户名称	期初余额		本期发生额		期末余额	
	借　方	贷　方	借　方	贷　方	借　方	贷　方
库存现金	950		4 360	(4 350)	960	
银行存款	2 690		(14 910)	7 460	(10 140)	

续表

账户名称	期初余额		本期发生额		期末余额	
	借方	贷方	借方	贷方	借方	贷方
应收账款	(16 660)		(1 740)	18 400	0	
原材料	5 000		1 720	(2 620)	4 100	
固定资产	(5 400)		5 000	0	10 400	
短期借款		(2 000)	2 000	0		0
应付账款		3 700	4 400	(2 700)		2 000
应付票据		(5 000)	4 000	2 600		3 600
实收资本		20 000	0	(0)		20 000
合　计	(30 700)	(30 700)	(38 130)	(38 130)	(25 600)	(25 600)

习　题　三

(1) 借：管理费用　　　　　　　　　　　　　　　　　　　2 000
　　　贷：银行存款　　　　　　　　　　　　　　　　　　　　2 000
(2) 借：银行存款　　　　　　　　　　　　　　　　　　　100 000
　　　贷：短期借款　　　　　　　　　　　　　　　　　　　100 000
(3) 借：银行存款　　　　　　　　　　　　　　　　　　　200 000
　　　贷：实收资本　　　　　　　　　　　　　　　　　　　200 000
(4) 借：固定资产　　　　　　　　　　　　　　　　　　　370 000
　　　贷：应付账款　　　　　　　　　　　　　　　　　　　370 000
(5) 借：应付账款　　　　　　　　　　　　　　　　　　　58 000
　　　贷：银行存款　　　　　　　　　　　　　　　　　　　58 000
(6) 借：库存现金　　　　　　　　　　　　　　　　　　　789 765
　　　贷：银行存款　　　　　　　　　　　　　　　　　　　789 765
(7) 借：材料采购　　　　　　　　　　　　　　　　　　　66 700
　　　贷：银行存款　　　　　　　　　　　　　　　　　　　66 700
(8) 借：银行存款　　　　　　　　　　　　　　　　　　　294 560
　　　贷：主营业务收入　　　　　　　　　　　　　　　　　294 560
(9) 借：管理费用　　　　　　　　　　　　　　　　　　　2 300
　　　贷：银行存款　　　　　　　　　　　　　　　　　　　2 300
(10) 借：财务费用　　　　　　　　　　　　　　　　　　　2 600
　　　贷：银行存款　　　　　　　　　　　　　　　　　　　2 600
(11) 借：银行存款　　　　　　　　　　　　　　　　　　　54 000
　　　贷：应收账款　　　　　　　　　　　　　　　　　　　54 000
(12) 借：应付职工薪酬　　　　　　　　　　　　　　　　　96 750
　　　贷：库存现金　　　　　　　　　　　　　　　　　　　96 750
(13) 借：管理费用　　　　　　　　　　　　　　　　　　　500
　　　贷：累计折旧　　　　　　　　　　　　　　　　　　　500

(14) 借：管理费用 700
       贷：银行存款 700
(15) 借：应交税费 5 000
       贷：银行存款 5 000

第 4 章 借贷记账法的具体运用

一、简答题

(答案略)

二、单项选择题

1．B 2．C 3．B 4．A 5．B
6．D 7．D 8．B 9．C 10．C

三、多项选择题

1．ABCD 2．ACD 3．ABD 4．BC 5．ACD
6．ABC 7．ABCD 8．ABC 9．ABC 10．BC

四、判断题

1．× 2．√ 3．× 4．× 5．√
6．× 7．× 8．√ 9．× 10．×

五、核算题

习 题 一

(1) 借：银行存款 40 000
       贷：实收资本 40 000
(2) 借：无形资产 30 000
       贷：实收资本 30 000
(3) 借：固定资产 28 000
       贷：实收资本 28 000
(4) 借：原材料 5 000
       应交税费——应交增值税 850
       贷：实收资本 5 850
(5) 借：银行存款 8 000
       贷：短期借款 8 000
(6) 借：银行存款 100 000
       贷：长期借款 100 000
(7) 借：短期借款 2 000
       财务费用 50
       贷：银行存款 2 050

习 题 二

(1) 借：固定资产　　　　　　　　　　　　　　　　　　　　　28 980
　　　贷：银行存款　　　　　　　　　　　　　　　　　　　　　　　28 980
(2) 借：在建工程　　　　　　　　　　　　　　　　　　　　　101 470
　　　贷：银行存款　　　　　　　　　　　　　　　　　　　　　　　101 470
(3) 借：在建工程　　　　　　　　　　　　　　　　　　　　　　　350
　　　贷：原材料　　　　　　　　　　　　　　　　　　　　　　　　　200
　　　　　应付职工薪酬　　　　　　　　　　　　　　　　　　　　　　150
(4) 借：固定资产　　　　　　　　　　　　　　　　　　　　　101 820
　　　贷：在建工程　　　　　　　　　　　　　　　　　　　　　　　101 820

习 题 三

(1) 借：材料采购——A 材料　　　　　　　　　　　　　　　　96 000
　　　应交税费——应交增值税　　　　　　　　　　　　　　　　16 320
　　　贷：银行存款　　　　　　　　　　　　　　　　　　　　　　　112 320
(2) 借：材料采购——A 材料　　　　　　　　　　　　　　　　 2 000
　　　贷：银行存款　　　　　　　　　　　　　　　　　　　　　　　 2 000
(3) 借：材料采购——B 材料　　　　　　　　　　　　　　　　20 000
　　　　　　　——C 材料　　　　　　　　　　　　　　　　15 000
　　　应交税费——应交增值税　　　　　　　　　　　　　　　　 5 950
　　　贷：应付账款　　　　　　　　　　　　　　　　　　　　　　　35 950
(4) 分配率 $=\dfrac{300}{4\,000+1\,000}=0.06(元/千克)$

B 材料应分摊运费 $=4\,000\times 0.06=240(元)$
C 材料应分摊运费 $=1\,000\times 0.06=60(元)$
借：材料采购——B 材料运费　　　　　　　　　　　　　　　　　240
　　　　　　——C 材料运费　　　　　　　　　　　　　　　　　 60
　贷：银行存款　　　　　　　　　　　　　　　　　　　　　　　　　300
(5) 借：应付账款　　　　　　　　　　　　　　　　　　　　　31 080
　　　贷：银行存款　　　　　　　　　　　　　　　　　　　　　　　31 080
(6) 借：预付账款　　　　　　　　　　　　　　　　　　　　　31 590
　　　贷：银行存款　　　　　　　　　　　　　　　　　　　　　　　31 590
(7) 借：材料采购——D 材料　　　　　　　　　　　　　　　　27 000
　　　应交税费——应交增值税　　　　　　　　　　　　　　　　 4 590
　　　贷：预付账款　　　　　　　　　　　　　　　　　　　　　　　31 590
(8) 材料采购成本＝买价＋采购费用

材料采购成本计算表

201×年7月份 单位：元

项目	A材料(8 000 千克)		B材料(4 000 千克)		C材料(1 000 千克)		D材料(3 000 千克)	
	总成本	单位成本	总成本	单位成本	总成本	单位成本	总成本	单位成本
买价	96 000	12	20 000	5	15 000	15	27 000	9
采购费用	2 000	0.25	240	0.06	60	0.06	—	
采购成本	98 000	12.25	20 240	5.06	15 060	15.06	27 000	9

根据"材料采购成本计算表"，结转入库材料的实际采购成本：

```
借：原材料——A 材料                                    98 000
          ——B 材料                                    20 240
          ——C 材料                                    15 060
          ——D 材料                                    27 000
    贷：材料采购——A 材料                              98 000
              ——B 材料                                20 240
              ——C 材料                                15 060
              ——D 材料                                27 000
```

登记"材料采购明细账"见下表。

材料采购明细账

材料名称：A 材料

201×年		凭证号	摘 要	借 方			贷 方
月	日			买价	运杂费	合计	
7	略	略	购入 8 000 千克，单价 12 元	96 000		96 000	
			支付运费		2 000	2 000	
			结转的采购成本				98 000
			本期发生额及余额	96 000	2 000	98 000	98 000

材料采购明细分类账

材料名称：B 材料

201×年		凭证号	摘要	借 方			贷 方
月	日			买价	运杂费	合计	
7	略	略	购入 4 000 千克，单价 5 元	20 000		20 000	
			支付运费		240	240	
			结转的采购成本				20 240
			本期发生额及余额	20 000	240	20 240	20 240

材料采购明细分类账

材料名称：C材料

201×年		凭证号	摘要	借方			贷方
月	日			买价	运杂费	合计	
7	略	略	购入1 000千克，单价15元	15 000		15 000	
			支付运费		60	60	
			结转的采购成本				15 060
			本期发生额及余额	15 000	60	15 060	15 060

材料采购明细分类账

材料名称：D材料

201×年		凭证号	摘要	借方			贷方
月	日			买价	运杂费	合计	
7	略	略	购入3 000千克，单价9元	27 000		27 000	
			结转的采购成本				27 000
			本期发生额及余额	27 000	—	27 000	27 000

习题四

(1) 借：生产成本——甲产品　　　　　　　　　　　　　　7 643
　　　贷：原材料——A材料　　　　　　　　　　　　　　　6 125
　　　　　　　——B材料　　　　　　　　　　　　　　　　1 518
(2) 借：制造费用　　　　　　　　　　　　　　　　　　　　500
　　　贷：银行存款　　　　　　　　　　　　　　　　　　　500
(3) 借：预付账款　　　　　　　　　　　　　　　　　　　2 400
　　　贷：银行存款　　　　　　　　　　　　　　　　　　2 400
　摊销本月车间负担的房租时，记为：
　　　借：制造费用　　　　　　　　　　　　　　　　　　　800
　　　　贷：预付账款　　　　　　　　　　　　　　　　　　800
(4) 借：制造费用　　　　　　　　　　　　　　　　　　　1 800
　　　贷：原材料——D材料　　　　　　　　　　　　　　1 800
(5) 借：制造费用　　　　　　　　　　　　　　　　　　　　900
　　　贷：银行存款　　　　　　　　　　　　　　　　　　　900
(6) 借：生产成本——乙产品　　　　　　　　　　　　　　9 036
　　　贷：原材料——C材料　　　　　　　　　　　　　　9 036
(7) 借：生产成本——甲产品　　　　　　　　　　　　　　8 000
　　　　　　——乙产品　　　　　　　　　　　　　　　　6 000
　　　制造费用　　　　　　　　　　　　　　　　　　　　1 800
　　　管理费用　　　　　　　　　　　　　　　　　　　　1 000
　　　贷：应付职工薪酬　　　　　　　　　　　　　　　16 800

(8) 借：生产成本——甲产品　　　　　　　　　　　　　　　　　　　1 120
　　　　　　　——乙产品　　　　　　　　　　　　　　　　　　　　840
　　　　制造费用　　　　　　　　　　　　　　　　　　　　　　　　252
　　　　管理费用　　　　　　　　　　　　　　　　　　　　　　　　140
　　　　贷：应付职工薪酬　　　　　　　　　　　　　　　　　　　　　　2 352
(9) 借：制造费用　　　　　　　　　　　　　　　　　　　　　　　　320
　　　贷：其他应付款　　　　　　　　　　　　　　　　　　　　　　　320
(10) 借：制造费用　　　　　　　　　　　　　　　　　　　　　　　628
　　　贷：累计折旧　　　　　　　　　　　　　　　　　　　　　　　　628
(11) 借：应付职工薪酬　　　　　　　　　　　　　　　　　　　　15 800
　　　贷：银行存款　　　　　　　　　　　　　　　　　　　　　　　15 800
(12) 本月发生的制造费用=500+800+1 800+900+1 800+252+320+628=7 000(元)

$$\text{分配率}=\frac{7\,000}{8\,000+6\,000}=0.5$$

甲产品应分摊的制造费用=8 000×0.5=4 000(元)
乙产品应分摊的制造费用=6 000×0.5=3 000(元)
　　借：生产成本——甲产品　　　　　　　　　　　　　　　　　　　4 000
　　　　　　　——乙产品　　　　　　　　　　　　　　　　　　　3 000
　　　贷：制造费用　　　　　　　　　　　　　　　　　　　　　　　7 000
(13) 编制"产品成本计算单"见下表。

产品成本计算单

产品：甲产品　　　　　　　　　201×年7月　　　　　　　完工产量120件

成本项目	直接材料	直接人工	制造费用	合计
月初在产品成本	7 417	3 090	2 420	12 927
本月生产费用	7 643	9 120	4 000	20 763
合计	15 060	12 210	6 420	33 690
完工产品成本	15 060	12 210	6 420	33 690
单位成本	125.5	101.75	53.5	280.75

产品成本计算单

产品：乙产品　　　　　　　　　201×年7月　　　　　　　完工产量100件

成本项目	直接材料	直接人工	制造费用	合计
月初在产品成本	4 726	1 610	1 288	7 624
本月生产费用	9 036	6 840	3 000	18 876
合计	13 762	8 450	4 288	26 500
完工产品成本	13 762	8 450	4 288	26 500
单位成本	137.62	84.50	42.88	265.00

根据"产品成本计算单",结转完工验收入库产品的实际生产成本,记为:

借:库存商品——甲产品　　　　　　　　　　　　　　　　　　　33 690
　　　　　　——乙产品　　　　　　　　　　　　　　　　　　　26 500
　　贷:生产成本——甲产品　　　　　　　　　　　　　　　　　　33 690
　　　　　　　　——乙产品　　　　　　　　　　　　　　　　　　26 500

登记"生产成本明细账"见下表。

生产成本明细账

产品名称：甲产品

201×年		凭证号	摘　要	借　方				贷　方
月	日			直接材料	直接人工	制造费用	合计	
7	略	略	期初在产品成本	7 417	3 090	2 420	12 927	
			耗用材料费用	7 643			7 643	
			发生的生产工人工资		8 000		8 000	
			发生的生产工人福利费		1 120		1 120	
			分配的制造费用			4 000	4 000	
			结转完工产品的生产成本					33 690

生产成本明细账

产品名称：乙产品

201×年		凭证号	摘　要	借　方				贷　方
月	日			直接材料	直接人工	制造费用	合计	
7	略	略	期初在产品成本	4 726	1 610	1 288	7 624	
			耗用材料费用	9 036			9 036	
			发生的生产工人工资		6 000		6 000	
			发生的生产工人福利费		840		840	
			分配的制造费用			3 000	3 000	
			结转完工产品的生产成本					26 500

习　题　五

(1) 借:银行存款　　　　　　　　　　　　　　　　　　　　　　　25 623
　　贷:主营业务收入　　　　　　　　　　　　　　　　　　　　　21 900
　　　　应交税费——应交增值税　　　　　　　　　　　　　　　　 3 723
(2) 借:销售费用　　　　　　　　　　　　　　　　　　　　　　　　　500
　　贷:银行存款　　　　　　　　　　　　　　　　　　　　　　　　　500
(3) 借:应收账款　　　　　　　　　　　　　　　　　　　　　　　 9 306
　　贷:主营业务收入　　　　　　　　　　　　　　　　　　　　　 7 800
　　　　应交税费——应交增值税　　　　　　　　　　　　　　　　 1 326
　　　　银行存款　　　　　　　　　　　　　　　　　　　　　　　　 180

(4) 借：银行存款   8 700
    贷：预收账款   8 700
(5) 借：营业税金及附加   1 600
    贷：应交税费——应交消费税   1 600
(6) 借：销售费用   600
    贷：银行存款   600
(7) 借：主营业务成本   19 180
    贷：库存商品   19 180

习 题 六

(1) 借：银行存款   3 000
    贷：营业外收入   3 000
(2) 借：营业外支出   1 500
    贷：库存现金   1 500
(3) 借：营业外支出   750
    贷：银行存款   750
(4) 借：待处理财产损溢   4 000
    贷：营业外收入   4 000

习 题 七

(1) ① 借：主营业务收入   29 700
       营业外收入   7 000
      贷：本年利润   36 700
   ② 借：本年利润   27 700
      贷：主营业务成本   19 180
         营业税金及附加   1 600
         销售费用   1 100
         管理费用   3 340
         财务费用   230
         营业外支出   2 250
(2) 本期应交所得税费用＝(36 700－27 700)×25%＝2 250(元)
借：所得税费用   2 250
    贷：应交税费——应交所得税   2 250
结转所得税费用，记为：
借：本年利润   2 970
    贷：所得税费用   2 970
(3) 提取法定盈余公积金＝[154 670＋(9 000－2 250)]×10%＝16 142(元)
借：利润分配——提取盈余公积   16 142
    贷：盈余公积   16 142

(4) 借：利润分配——应付股利 40 000
　　　贷：应付股利 40 000

习 题 八

(1) 借：生产成本——A 产品 21 900
　　　　　　　　——B 产品 18 100
　　　　制造费用 2 000
　　　贷：原材料 42 000
(2) 借：材料采购 16 000
　　　　应交税费——应交增值税 2 550
　　　贷：银行存款 18 550
结转材料采购成本：
借：原材料 16 000
　　贷：材料采购 16 000
(3) 借：材料采购 40 000
　　　　应交税费——应交增值税 6 800
　　　贷：应付账款 46 800
(4) 借：材料采购 300
　　　贷：库存现金 300
结转材料采购成本：
　　借：原材料 40 300
　　　　贷：材料采购 40 300
(5) 借：银行存款 3 000
　　　贷：应收账款 3 000
(6) 借：应交税费 1 000
　　　贷：银行存款 1 000
(7) 借：预付账款 1 200
　　　贷：银行存款 1 200
(8) 借：生产成本——A 产品 10 000
　　　　　　　　——B 产品 10 000
　　　　制造费用 3 000
　　　　管理费用 1 000
　　　贷：应付职工薪酬 24 000
(9) 借：生产成本——A 产品 1 400
　　　　　　　　——B 产品 1 400
　　　　制造费用 420
　　　　管理费用 140
　　　贷：应付职工薪酬 3 360

(10) 借：库存现金 24 000
　　　贷：银行存款 24 000
(11) 借：应付职工薪酬 24 000
　　　贷：库存现金 24 000
(12) 借：制造费用 2 380
　　　　管理费用 780
　　　贷：累计折旧 3 160
(13) 借：制造费用 1 400
　　　贷：预付账款 1 400
(14) 分配率 = $\dfrac{2\,000+3\,000+420+2\,380+1\,400}{10\,000+10\,000}$ = 0.46(元/件)

　　A产品应分摊的制造费用 = 10 000×0.46 = 4 600(元)
　　B产品应分摊的制造费用 = 10 000×0.46 = 4 600(元)
　　借：生产成本——A产品 4 600
　　　　　　　——B产品 4 600
　　　贷：制造费用 9 200
(15) A产品完工成本 = 21 900+10 000+1 400+4 600 = 37 900(元)
　　借：库存商品——A产品 37 900
　　　贷：生产成本——A产品 37 900
(16) 借：应收账款 131 040
　　　贷：主营业务收入 112 000
　　　　　应交税费——应交增值税 19 040
(17) 借：主营业务成本 80 000
　　　贷：库存商品 80 000
(18) 借：销售费用 1 100
　　　贷：库存现金 1 100
(19) 借：财务费用 5 000
　　　贷：银行存款 5 000
(20) 借：管理费用 1 200
　　　贷：预付账款 1 200
(21) 借：营业税金及附加 5 600
　　　贷：应交税费 5 600
(22) 借：银行存款 2 000
　　　贷：其他业务收入 2 000
　　借：其他业务成本 1 500
　　　贷：原材料 1 500
(23) 将本期有关收入账户的发生额结转"本年利润"账户：
　　借：主营业务收入 112 000
　　　　其他业务收入 2 000
　　　贷：本年利润 114 000

将本期有关费用支出账户发生额结转"本年利润"账户：

　　借：本年利润　　　　　　　　　　　　　　　　　　　　　96 320
　　　贷：主营业务成本　　　　　　　　　　　　　　　　　　　　80 000
　　　　　营业税金及附加　　　　　　　　　　　　　　　　　　　 5 600
　　　　　销售费用　　　　　　　　　　　　　　　　　　　　　　 1 100
　　　　　财务费用　　　　　　　　　　　　　　　　　　　　　　 5 000
　　　　　管理费用　　　　　　　　　　　　　　　　　　　　　　 3 120
　　　　　其他业务成本　　　　　　　　　　　　　　　　　　　　 1 500

(24) 本期利润总额＝114 000－96 320＝17 680(元)

本期应交所得税费用＝17 680×25%＝4 420(元)

　　借：所得税费用　　　　　　　　　　　　　　　　　　　　　 4 420
　　　贷：应交税费　　　　　　　　　　　　　　　　　　　　　　 4 420

结转所得税费用：

　　借：本年利润　　　　　　　　　　　　　　　　　　　　　　 4 420
　　　贷：所得税费用　　　　　　　　　　　　　　　　　　　　　 4 420

(25) 提取的盈余公积金＝(427 000+17 680－4 420)×10%＝44 026(元)

　　借：利润分配——提取盈余公积　　　　　　　　　　　　　　 44 026
　　　贷：盈余公积　　　　　　　　　　　　　　　　　　　　　　44 026

(26) 借：利润分配——应付股利　　　　　　　　　　　　　　　120 000
　　　贷：应付股利　　　　　　　　　　　　　　　　　　　　　120 000

(27) 借：本年利润　　　　　　　　　　　　　　　　　　　　　438 845.60
　　　贷：利润分配——未分配利润　　　　　　　　　　　　　　438 845.60

(28) 借：利润分配——未分配利润　　　　　　　　　　　　　　163 884.56
　　　贷：利润分配——提取盈余公积　　　　　　　　　　　　　 43 884.56
　　　　　　　　——应付股利　　　　　　　　　　　　　　　　120 000

第5章　会计凭证

一、简答题

(答案略)

二、单项选择题

1. D　　2. B　　3. D　　4. C　　5. A
6. B　　7. B　　8. C　　9. D　　10. C

三、多项选择题

1. ABC　　2. AB　　3. AB　　4. CD　　5. BD
6. ABC　　7. AB　　8. AC　　9. ABCD　　10. ABC

四、判断题

1. √   2. ×   3. ×   4. √   5. √
6. √   7. √   8. ×   9. ×   10. ×

五、核算题

习 题 一

(1) 借：应付账款——乙	15 000
贷：银行存款	15 000
(2) 借：材料采购——B	10 000
应交税费——应交增值税(进项税额)	1 700
贷：应付账款——甲	11 700
(3) 借：原材料——B	10 000
贷：材料采购——B	10 000
(4) 借：材料采购——A	8 000
应交税费——应交增值税(进项税额)	1 360
贷：应付账款——丙	9 360
借：原材料——A	8 000
贷：材料采购——A	8 000
(5) 借：生产成本	15 000
贷：原材料——A	15 000
(6) 借：材料采购——B	10 000
应交税费——应交增值税(进项税额)	1 700
贷：应付账款——丙	11 700
(7) 借：原材料——B	10 000
贷：材料采购——B	10 000
(8) 借：材料采购——A	5 000
应交税费——应交增值税(进项税额)	850
贷：应付账款——乙	5 850
借：原材料——A	5 000
贷：材料采购——A	5 000
(9) 借：生产成本	19 000
管理费用	2 000
贷：原材料——B	21 000
(10) 借：应付账款——甲	6 000
贷：银行存款	6 000

习 题 二

(1) 借：材料采购——A	50 000
应交税费——应交增值税(进项税额)	8 500
贷：银行存款	58 500

借：原材料——A	50 000	
贷：材料采购——A		50 000
(2) 借：银行存款	100 000	
贷：实收资本		100 000
(3) 借：预付账款——A	40 000	
贷：银行存款		40 000
(4) 借：生产成本——甲	5 000	
制造费用	4 000	
管理费用	6 000	
贷：原材料		15 000
(5) 借：其他应收款——李某	1 000	
贷：库存现金		1 000
(6) 借：库存现金	40 000	
贷：银行存款		40 000
(7) 借：应付职工薪酬	40 000	
贷：库存现金		40 000
(8) 借：银行存款	50 000	
贷：预收账款		50 000
(9) 借：预收账款	50 000	
银行存款	184 000	
贷：主营业务收入		200 000
应交税费——应交增值税(销项税额)		34 000
(10) 借：制造费用	3 000	
管理费用	1 000	
贷：银行存款		4 000
(11) 借：管理费用	800	
库存现金	200	
贷：其他应收款		1 000
(12) 借：预付账款	6 000	
贷：银行存款		6 000
(13) 借：销售费用	3 000	
贷：银行存款		3 000
(14) 借：银行存款	500	
贷：其他应收款		500
(15) 借：管理费用	8 000	
贷：库存现金		8 000
(16) 借：财务费用	6 000	
贷：银行存款		6 000

(17) 借：生产成本——甲　　　　　　　　　　　　　　28 000
　　　　制造费用　　　　　　　　　　　　　　　　 4 000
　　　　管理费用　　　　　　　　　　　　　　　　 8 000
　　　　贷：应付职工薪酬　　　　　　　　　　　　　　　40 000
(18) 借：财务费用　　　　　　　　　　　　　　　　 3 000
　　　　贷：其他应付款　　　　　　　　　　　　　　　　 3 000
(19) 借：制造费用　　　　　　　　　　　　　　　　 6 000
　　　　管理费用　　　　　　　　　　　　　　　　 2 000
　　　　贷：累计折旧　　　　　　　　　　　　　　　　　 8 000
(20) 借：生产成本——甲　　　　　　　　　　　　　　20 000
　　　　贷：制造费用　　　　　　　　　　　　　　　　 20 000
(21) 借：库存商品　　　　　　　　　　　　　　　　100 000
　　　　贷：生产成本　　　　　　　　　　　　　　　　 100 000
(22) 借：管理费用　　　　　　　　　　　　　　　　 3 200
　　　　贷：预付账款　　　　　　　　　　　　　　　　　 3 200
(23) 借：营业税金及附加　　　　　　　　　　　　　 6 000
　　　　贷：应交税费——应交城建税　　　　　　　　　　 6 000
(24) 借：主营业务成本　　　　　　　　　　　　　　110 000
　　　　贷：库存商品　　　　　　　　　　　　　　　　 110 000
(25) 借：主营业务收入　　　　　　　　　　　　　　200 000
　　　　营业外收入　　　　　　　　　　　　　　　40 000
　　　　贷：本年利润　　　　　　　　　　　　　　　　 240 000
(26) 借：本年利润　　　　　　　　　　　　　　　　119 000
　　　　贷：主营业务成本　　　　　　　　　　　　　　 110 000
　　　　　　营业税金及附加　　　　　　　　　　　　　 6 000
　　　　　　销售费用　　　　　　　　　　　　　　　　 3 000
(27) 借：所得税费用　　　　　　　　　　　　　　　 28 380
　　　　贷：应交税费——应交所得税　　　　　　　　　 28 380
(28) 借：本年利润　　　　　　　　　　　　　　　　 63 380
　　　　贷：管理费用　　　　　　　　　　　　　　　　 30 000
　　　　　　财务费用　　　　　　　　　　　　　　　　 3 000
　　　　　　营业外支出　　　　　　　　　　　　　　　 2 000
　　　　　　所得税费用　　　　　　　　　　　　　　　 28 380
(29) 借：利润分配——提取盈余公积金　　　　　　　 5 762
　　　　贷：盈余公积　　　　　　　　　　　　　　　　　 5 762
(30) 借：利润分配——支付现金股利　　　　　　　　 20 000
　　　　贷：应付股利　　　　　　　　　　　　　　　　　 20 000

第4部分 习题集参考答案

第6章 会计账簿

一、简答题

(答案略)

二、单项选择题

1. B 2. A 3. D 4. D 5. D
6. C 7. C 8. D 9. A 10. C

三、多项选择题

1. ACD 2. AC 3. BC 4. ABD 5. ABC
6. AD 7. ABC 8. ACD 9. ABCD 10. BC

四、判断题

1. √ 2. √ 3. × 4. × 5. √
6. × 7. × 8. √ 9. √ 10. ×

五、核算题

银行存款日记账

201×年		凭证		摘要	结算凭证		对方账户	收入	支出	结余
月	日	字	号		种类	编号				
7	1			月初余额						300 000
	1	银收	801	略			实收资本	25 000		325 000
	1	银付	801	略			短期借款		10 000	315 000
	2	银付	802	略			应付账款		20 000	295 000
	2	现付	801	略			库存现金	1 000		296 000
	3	银付	803	略			库存现金		2 000	294 000
	4	银收	802	略			应收账款	50 000		344 000
	5	银付	804	略			材料采购		40 000	304 000
	5	银付	805	略			材料采购		10 000	294 000
	6	银付	806	略			库存现金		18 000	276 000
	7	银付	807	略			管理费用		1 800	274 200
	8	银收	803	略			主营业务收入	51 750		325 950
	9	银付	808	略			销售费用		410	325 540
	10	银付	809	略			应交税费		3 500	322 040

现金日记账

201×年		凭证		摘 要	对方账户	收 入	支 出	结 余
月	日	字	号					
7	1			月初结余				3 000
	2	现付	801	略	银行存款		1 000	2 000
	3	现付	802	略	其他应收款		800	1 200
	3	银付	803	略	银行存款	2 000		3 200
	6	银付	806	略	银行存款	18 000		21 200
	6	现付	803	略	应付职工薪酬		18 000	3 200

第7章 财产清查

一、简答题

(答案略)

二、单项选择题

1. A 2. D 3. A 4. C 5. C
6. A 7. A 8. D 9. A 10. C

三、多项选择题

1. CD 2. AD 3. CD 4. BCD 5. ABCD
6. ABCD 7. ABD 8. ABCD 9. AD 10. AC

四、判断题

1. × 2. √ 3. × 4. × 5. √
6. × 7. × 8. √ 9. √ 10. √

五、核算题

习 题 一

银行存款余额调节表

项 目	金 额	项 目	金 额
银行存款日记账余额	15 050	银行对账单余额	26 900
加：银行已收企业未收的款项	9 800	加：企业已收银行未收的款项	1 260
	280		1 220
减：银行已付企业未付的款项		减：企业已付银行未付的款项	4 810
调整后余额	24 570	调整后余额	24 570

习 题 二

盘盈盘亏时会计分录：

借：待处理财产损溢	2 534
贷：库存商品	2 534
借：库存商品	53
贷：待处理财产损溢	53

报经批准时会计分录：

借：其他应收款	300
营业外收支	2 090
销售费用	144
贷：待处理财产损溢	2 534
借：待处理财产损溢	53
贷：管理费用	53

习 题 三

盘盈盘亏时会计分录：

借：待处理财产损溢	28 000
累计折旧	32 000
贷：固定资产	60 000
借：固定资产	75 000
贷：待处理财产损溢	45 000
累计折旧	30 000
借：待处理财产损溢	4 200
贷：库存商品	4 200
借：库存商品	80
贷：待处理财产损溢	80
借：营业外支出	28 000
贷：待处理财产损溢	28 000

报经批准时会计分录：

借：待处理财产损溢	45 000
贷：营业外收入	45 000
借：其他应收款	630
销售费用	3 570
贷：待处理财产损溢	4 200
借：待处理财产损溢	80
贷：管理费用	80

第 8 章 账务处理程序

一、简答题

(答案略)

二、单项选择题

| 1. B | 2. C | 3. A | 4. A | 5. B |
| 6. C | 7. C | 8. C | 9. B | 10. A |

三、多项选择题

| 1. ABC | 2. ABC | 3. ABD | 4. BCD | 5. ABC |
| 6. BCD | 7. ABC | 8. AB | 9. BD | 10. AB |

四、判断题

| 1. √ | 2. √ | 3. × | 4. √ | 5. √ |
| 6. × | 7. √ | 8. √ | 9. × | 10. × |

五、核算题

习 题 一

(1) 1 日　借：预付账款　　　　　　　　　　　　　　　　　　　　　　31 590
　　　　　　贷：银行存款　　　　　　　　　　　　　　　　　　　　　　　31 590

(2) 5 日　借：制造费用　　　　　　　　　　　　　　　　　　　　　　　500
　　　　　　贷：银行存款　　　　　　　　　　　　　　　　　　　　　　　　500

(3) 11 日　借：制造费用　　　　　　　　　　　　　　　　　　　　　　　628
　　　　　　贷：累计折旧　　　　　　　　　　　　　　　　　　　　　　　　628

(4) 13 日　借：银行存款　　　　　　　　　　　　　　　　　　　　　　25 623
　　　　　　贷：主营业务收入　　　　　　　　　　　　　　　　　　　　　21 900
　　　　　　　　应交税费——应交增值税　　　　　　　　　　　　　　　　 3 723

(5) 13 日　借：主营业务成本　　　　　　　　　　　　　　　　　　　　12 000
　　　　　　贷：库存商品　　　　　　　　　　　　　　　　　　　　　　　12 000

(6) 20 日　借：营业外支出　　　　　　　　　　　　　　　　　　　　　　750
　　　　　　贷：银行存款　　　　　　　　　　　　　　　　　　　　　　　　750

(7) 23 日　借：生产成本——A 产品　　　　　　　　　　　　　　　　　21 900
　　　　　　　　　　　　——B 产品　　　　　　　　　　　　　　　　　18 100
　　　　　　　　制造费用　　　　　　　　　　　　　　　　　　　　　　 2 000
　　　　　　贷：原材料　　　　　　　　　　　　　　　　　　　　　　　42 000

(8) 25 日　借：销售费用　　　　　　　　　　　　　　　　　　　　　　 1 100
　　　　　　贷：库存现金　　　　　　　　　　　　　　　　　　　　　　 1 100

(9) 30 日　借：财务费用　　　　　　　　　　　　　　　　　　　　　　 5 000
　　　　　　贷：银行存款　　　　　　　　　　　　　　　　　　　　　　 5 000

(10) 31 日　借：主营业务收入　　　　　　　　　　　　　　　　　　　　21 900
　　　　　　贷：本年利润　　　　　　　　　　　　　　　　　　　　　　21 900

借：本年利润 18 850
　　贷：主营业务成本 12 000
　　　　营业外支出 750
　　　　销售费用 1 100
　　　　财务费用 5 000

总分类账

会计科目：库存现金

| 201×年 | | 凭证号数 | 摘　要 | 借　方 | 贷　方 | 借或贷 | 余　额 |
月	日						
5	1		期初余额			借	1 300
	25	付4	支付销售产品包装费、装卸费		1 100	借	
			本期发生额及余额		1 100	借	200

会计科目：银行存款

| 201×年 | | 凭证号数 | 摘　要 | 借　方 | 贷　方 | 借或贷 | 余　额 |
月	日						
5	1		期初余额			借	158 200
	1	付1	预付A厂货款		31 590	借	
	5	付2	支付生产车间办公费		500	借	
	13	收1	销售产品	25 623		借	
	20	付3	税收滞纳金		750	借	
	30	付5	支付临时借款利息		5 000	借	
			本期发生额及余额	25 623	37 840	借	145 983

会计科目：预付账款

| 201×年 | | 凭证号数 | 摘　要 | 借　方 | 贷　方 | 借或贷 | 余　额 |
月	日						
5	1		期初余额			借	4 000
	1		预付A厂货款	31 590		借	35 590
			本期发生额及余额	31 590		借	35 590

会计科目：原材料

| 201×年 | | 凭证号数 | 摘　要 | 借　方 | 贷　方 | 借或贷 | 余　额 |
月	日						
5	1		期初余额			借	130 000
	23	转3	发出材料		42 000	借	88 000
			本期发生额及余额		42 000	借	88 000

会计科目：库存商品

201×年		凭证号数	摘要	借方	贷方	借或贷	余额
月	日						
5	1		期初余额			借	145 000
	13	转2	销售产品		12 000	借	
			本期发生额及余额		12 000	借	133 000

会计科目：固定资产

201×年		凭证号数	摘要	借方	贷方	借或贷	余额
月	日						
5	1		期初余额			借	862 000

会计科目：短期借款

201×年		凭证号数	摘要	借方	贷方	借或贷	余额
月	日						
5	1		期初余额			贷	42 900

会计科目：应缴税费

201×年		凭证号数	摘要	借方	贷方	借或贷	余额
月	日						
5	1		期初余额			贷	1 000
	13	收1	销售产品		3 723	贷	4 723
			本期发生额及余额		3 723	贷	4 723

会计科目：实收资本

201×年		凭证号数	摘要	借方	贷方	借或贷	余额
月	日						
5	1		期初余额			贷	675 000

会计科目：本年利润

201×年		凭证号数	摘要	借方	贷方	借或贷	余额
月	日						
5	1		期初余额			贷	427 000
	31	转4	结转损益		21 900	贷	
	31	转5	结转损益	18 850		贷	430 050
			本期发生额及余额	18 850	21 900	贷	430 050

会计科目：累计折旧

201×年		凭证号数	摘要	借方	贷方	借或贷	余额
月	日						
5	1		期初余额			贷	154 600
	11	转1	车间固定资产折旧		628	贷	155 228
			本期发生额及余额		628	贷	155 228

会计科目：制造费用

201×年		凭证号数	摘要	借方	贷方	借或贷	余额
月	日						
5	5	付2	生产车间办公费	500		借	500
	11	转1	计提固定资产折旧	628		借	1 128
	23	转3	领用材料	2 000		借	3 128
			本期发生额及余额	3 128		借	3 128

会计科目：主营业务收入

201×年		凭证号数	摘要	借方	贷方	借或贷	余额
月	日						
5	1	收1	销售产品		21 900	贷	21 900
	31	转4	结转本年利润	21 900			
			本期发生额及余额	21 900	21 900	平	0

会计科目：主营业务成本

201×年		凭证号数	摘要	借方	贷方	借或贷	余额
月	日						
5	1	转2	销售产品成本	12 000			
	31	转5	结转本年利润		12 000		
			本期发生额及余额	12 000	12 000	平	0

会计科目：营业外支出

201×年		凭证号数	摘要	借方	贷方	借或贷	余额
月	日						
5	20	转3	税收滞纳金	750		借	750
	31	转5	结转本年利润		750		
			本期发生额及余额	750	750	平	0

会计科目：销售费用

201×年		凭证号数	摘要	借方	贷方	借或贷	余额
月	日						
5	25	付4	支付销售产品包装费、装卸费	1 100		借	1 100
	31	转5	结转本年利润		1 100		
			本期发生额及余额	1 100	1 100	平	0

会计科目：财务费用

201×年		凭证号数	摘要	借方	贷方	借或贷	余额
月	日						
	30	付5	支付临时借款利息	5 000			
	31	转5	结转本年利润		5 000		
			本期发生额及余额	5 000	5 000	平	0

会计科目：生产成本

201×年		凭证号数	摘要	借方	贷方	借或贷	余额
月	日						
5	23	转3	领用材料	40 000		借	
			本期发生额及余额	40 000		借	40 000

习 题 二

(1)

科目汇总表

201×年5月1日至5月31日 第1号

会计科目	账页	本期发生额		记账凭证起讫号数
		借方	贷方	
库存现金	(略)		1 100	(略)
银行存款		25 623	37 840	

续表

会计科目	账 页	本期发生额		记账凭证起讫号数
		借 方	贷 方	
预付账款		31 590		
原材料			42 000	
库存商品			12 000	
累计折旧			628	
应交税费			3 723	
主营业务收入		21 900	21 900	
主营业务成本		12 000	12 000	
生产成本		40 000		
制造费用		3 128		
销售费用		1 100	1 100	
本年利润		18 850	21 900	
财务费用		5 000	5 000	
合计		159 191	159 191	

(2)

总分类账

会计科目：库存现金

201×年		凭证号数	摘 要	借 方	贷 方	借或贷	余 额
月	日						
5	1		期初余额			借	1 300
	25	付 4	支付销售产品包装费、装卸费		1 100		
			本期发生额及余额		1 100		200

会计科目：银行存款

201×年		凭证号数	摘 要	借 方	贷 方	借或贷	余 额
月	日						
5	1		期初余额			借	158 200
	31	科汇 1	汇总 1～31 日记账凭证	25 623	37 840	借	145 983
			本期发生额及余额	25 623	37 840	借	145 983

会计科目：预付账款

201×年		凭证号数	摘 要	借 方	贷 方	借或贷	余 额
月	日						
5	1		期初余额			借	4 000
	31	科汇 1	汇总 1～31 日记账凭证	31 590		借	35 590
			本期发生额及余额	31 590		借	35 590

会计科目：原材料

201×年		凭证号数	摘要	借方	贷方	借或贷	余额
月	日						
5	1		期初余额			借	130 000
	31	科汇 1	汇总 1～31 日记账凭证		42 000	借	88 000
			本期发生额及余额		42 000	借	88 000

会计科目：库存商品

201×年		凭证号数	摘要	借方	贷方	借或贷	余额
月	日						
5	1		期初余额			借	145 000
	31	科汇 1	汇总 1～31 日记账凭证		12 000	借	133 000
			本期发生额及余额		12 000	借	133 000

会计科目：固定资产

201×年		凭证号数	摘要	借方	贷方	借或贷	余额
月	日						
5	1		期初余额			借	862 000

会计科目：短期借款

201×年		凭证号数	摘要	借方	贷方	借或贷	余额
月	日						
5	1		期初余额			贷	42 900

会计科目：应交税费

201×年		凭证号数	摘要	借方	贷方	借或贷	余额
月	日						
5	1		期初余额			贷	1 000
	31	科汇 1	汇总 1～31 日记账凭证		3 723	贷	4 723
			本期发生额及余额		3 723	贷	4 723

第4部分　习题集参考答案

会计科目：实收资本

201×年		凭证号数	摘　要	借　方	贷　方	借或贷	余　额
月	日						
5	1		期初余额			贷	675 000

会计科目：本年利润

201×年		凭证号数	摘　要	借　方	贷　方	借或贷	余　额
月	日						
5	1		期初余额			贷	427 000
	31	科汇1	汇总1～31日记账凭证	18 850	21 900		
			本期发生额及余额				

会计科目：累计折旧

201×年		凭证号数	摘　要	借　方	贷　方	借或贷	余　额
月	日						
5	1		期初余额			贷	154 600
	31	科汇1	汇总1～31日记账凭证		628	贷	155 228
			本期发生额及余额		628	贷	155 228

会计科目：制造费用

201×年		凭证号数	摘　要	借　方	贷　方	借或贷	余　额
月	日						
5	1	科汇1	汇总1～31日记账凭证	3 128		借	3 128
			本期发生额及余额	3 128		借	3 128

会计科目：主营业务收入

201×年		凭证号数	摘　要	借　方	贷　方	借或贷	余　额
月	日						
5	31	科汇1	汇总1～31日记账凭证	21 900	21 900	平	0
			本期发生额及余额	21 900	21 900	平	0

会计科目：主营业务成本

201×年		凭证号数	摘要	借方	贷方	借或贷	余额
月	日						
5	31	科汇1	汇总1～31日记账凭证	12 000	12 000	平	0
			本期发生额及余额	12 000	12 000	平	0

会计科目：营业外支出

201×年		凭证号数	摘要	借方	贷方	借或贷	余额
月	日						
5	31	科汇1	汇总1～31日记账凭证	750	750	平	0
			本期发生额及余额	750	750	平	0

会计科目：销售费用

201×年		凭证号数	摘要	借方	贷方	借或贷	余额
月	日						
5	31	科汇1	汇总1～31日记账凭证	1 100	1 100	平	0
			本期发生额及余额	1 100	1 100	平	0

会计科目：财务费用

201×年		凭证号数	摘要	借方	贷方	借或贷	余额
月	日						
5	31	科汇1	汇总1～31日记账凭证	5 000	5 000	平	0
			本期发生额及余额	5 000	5 000	平	0

会计科目：生产成本

201×年		凭证号数	摘要	借方	贷方	借或贷	余额
月	日						
5	31	科汇1	汇总1～31日记账凭证	40 000		借	40 000
			本期发生额及余额	40 000		借	40 000

第9章 财务会计报告

一、简答题

(答案略)

二、单项选择题

1. B 2. A 3. A 4. C 5. C
6. B 7. D 8. C 9. D 10. B

三、多项选择题

1. ABC 2. ABCD 3. ABCD 4. ABC 5. ABCD
6. ABCD 7. ABC 8. BCD 9. BD 10. AB

四、判断题

1. × 2. √ 3. √ 4. √ 5. ×
6. √ 7. × 8. √ 9. √ 10. ×

五、核算题

习 题 一

(1) 应收账款＝115 420(元)　　　　(2) 预付账款＝81 000(元)
(3) 存货＝41 000(元)　　　　　　　(4) 固定资产净值＝252 000(元)
(5) 短期借款＝38 000(元)　　　　　(6) 应付账款＝112 000(元)
(7) 预收账款＝50 000(元)　　　　　(8) 未分配利润＝69 000(元)

习 题 二

(1) 借：管理费用	500
贷：累计折旧	500
(2) 借：管理费用	3 000
贷：应付职工薪酬	3 000
(3) 借：财务费用	150
贷：应付利息	150
(4) 借：主营业务成本	86 000
贷：库存商品	86 000
(5) ① 借：主营业务收入	143 600
营业外收入	8 000
贷：本年利润	151 600
② 借：本年利润	97 200
贷：主营业务成本	86 000
营业税金及附加	750
销售费用	2 000
管理费用	7 700
财务费用	150
营业外支出	600

(6) 本月应交所得税＝(151 600-97 200)×25%＝13 600(元)
① 借：所得税费用　　　　　　　　　　　　　　　　　　13 600
　　　贷：应交税费——应交所得税　　　　　　　　　　　　13 600
② 借：本年利润　　　　　　　　　　　　　　　　　　　13 600
　　　贷：所得税费用　　　　　　　　　　　　　　　　　　13 600
(7) 提取法定盈余公积金＝{323 610+(151 600-97 200)×(1-25%)}×10%＝36 441(元)
　　借：利润分配——提取法定盈余公积　　　　　　　　　　36 441
　　　贷：盈余公积　　　　　　　　　　　　　　　　　　　36 441
(8) 借：利润分配——应付股利　　　　　　　　　　　　　98 000
　　　贷：应付股利　　　　　　　　　　　　　　　　　　　98 000
(9) 借：本年利润　　　　　　　　　　　　　　　　　　　364 410
　　　贷：利润分配——未分配利润　　　　　　　　　　　　364 410
(10) 借：利润分配——未分配利润　　　　　　　　　　　　134 441
　　　贷：利润分配——提取法定盈余公积　　　　　　　　　36 441
　　　　　　　　——应付股利　　　　　　　　　　　　　　98 000

利 润 表

会企 02 表

编制单位：长生公司　　　　　　201×年 12 月　　　　　　　　　　单位：元

项　目	本期金额	上期金额(略)
一、营业收入	1 773 600	
减：营业成本	1 206 000	
营业税金及附加	15 750	
销售费用	11 000	
管理费用	31 700	
财务费用	12 150	
资产减值损失	-	
加：公允价值变动收益(损失以"-"号填列)	-	
投资收益(损失以"-"号填列)	-	
其中：对联营企业和合营企业的投资收益	-	
二、营业利润(亏损以"-"号填列)	521 000	
加：营业外收入	24 000	
减：营业外支出	7 600	
其中：非流动资产处置损失	-	
三、利润总额(亏损总额以"-"号填列)	537 400	
减：所得税费用	177 342	
四、净利润(净亏损以"-"号填列)	360 058	
五、每股收益		
（一）基本每股收益		
（二）稀释每股收益		

利 润 分 配 表

会企 02 表附表 1
编制单位：长生公司　　　　　　　　　　　　201×年度　　　　　　　　　　　　单位：元

项　目	行次	本年实际	上年实际(略)
一、净利润	1	360 058	
加：年初未分配利润	2	121 000	
其他转入	4	—	
二、可供分配的利润	8	481 058	
减：提取法定盈余公积	9	36 005.80	
提取法定公益金	10	18 002.90	
提取职工奖励及福利基金	11	—	
提取储备基金	12	—	
提取企业发展基金	13	—	
利润归还投资	14	—	
三、可供投资者分配的利润	16	427 049.30	
减：应付优先股股利	17	—	
提取任意盈余公积	18	—	
应付普通股股利	19	98 000	
转作资本(或股本)的普通股股利	20	—	
四、未分配利润	25	329 049.30	

习　题　三

(1) 流动比率 $=\dfrac{330\,000+160\,000+40\,000+650\,000}{370\,000+440\,000}=1.46$

(2) 速动比率 $=\dfrac{330\,000+160\,000+40\,000}{370\,000+440\,000}=0.65$

(3) 平均应收账款余额 $=(380\,000+440\,000)/2=410\,000$

　　应收账款周转率 $\dfrac{6\,500\,000}{410\,000}=15.85(次)$

(4) 平均存货余额 $=(450\,000+650\,000)/2=550\,000$

　　存货周转率 $=\dfrac{4\,400\,000}{550\,000}=8(次)$

(5) 净资产平均余额 $=(900\,000+250\,000+330\,000+1\,640\,000+470\,000+310\,000)/2=1\,950\,000$

　　净资产报酬率 $=\dfrac{320\,000}{1\,950\,000}\times 100\%=16.41\%$

(6) 总资产平均余额 $=(2\,692\,000+3\,800\,000)/2=3\,246\,000$

　　总资产报酬率 $=\dfrac{320\,000}{3\,246\,000}\times 100\%=9.86\%$

第 10 章　会计工作的管理与组织

一、简答题

(答案略)

二、单项选择题

1. A   2. D   3. C   4. D   5. C
6. C   7. C   8. B   9. C   10. B

三、多项选择题

1. ABCD   2. BCD   3. ABCD   4. CD   5. BCD
6. ABCD   7. BCD   8. ABCD

四、判断题

1. √   2. ×   3. √   4. ×   5. ×
6. ×   7. √   8. ×   9. ×   10. √

参 考 文 献

[1] 王洪，等. 会计基础实务教程[M]. 天津：天津人民出版社，1996.
[2] 薛洪岩，等. 基础会计[M]. 上海：立信会计出版社，2006.
[3] 刘爱香. 会计学原理[M]. 3版. 北京：北京大学出版社，2015.
[4] 苏淑欢，等. 成本会计学实操[M]. 2版. 广州：中山大学出版社，2003.
[5] 中华人民共和国财政部会计司《会计基础工作规范培训教材》编写组. 会计基础工作规范培训教材[M]. 北京：经济科学出版社，1998.
[6] 李占国. 基础会计学[M]. 北京：中国物价出版社，2001.
[7] 陈国辉，迟旭升. 基础会计[M]. 大连：东北财经大学出版社，2003.
[8] 陈少华. 会计学原理[M]. 厦门：厦门大学出版社，2002.
[9] 陈文铭. 基础会计习题与案例[M]. 大连：东北财经大学出版社，2004.

北京大学出版社本科财经管理类实用规划教材(已出版)

财务会计类

序号	书 名	标准书号	主 编	定价
1	基础会计	7-301-24366-4	孟 铁	35.00
2	基础会计(第2版)	7-301-17478-4	李秀莲	38.00
3	基础会计实验与习题	7-301-22387-1	左 旭	30.00
4	基础会计学	7-301-19403-4	窦亚芹	33.00
5	基础会计学学习指导与习题集	7-301-16309-2	裴 玉	28.00
6	基础会计	7-301-23109-8	田凤彩	39.00
7	基础会计学	7-301-16308-5	晋晓琴	39.00
8	信息化会计实务	7-301-24730-3	杜天宇	35.00
9	会计学原理习题与实验(第3版)	7-301-26162-0	石启辉	30.00
10	会计学原理(第2版)	7-301-18515-5	刘爱香	30.00
11	会计学原理	7-301-24872-0	郭松克	38.00
12	会计学原理与实务(第2版)	7-301-18653-4	周慧滨	33.00
13	初级财务会计模拟实训教程	7-301-23864-6	王明珠	25.00
14	初级会计学习题集	7-301-25671-8	张兴东	28.00
15	会计规范专题(第2版)	7-301-23797-7	谢万健	42.00
16	会计综合实训模拟教程	7-301-20730-7	章洁倩	33.00
17	预算会计	7-301-22203-4	王筱萍	32.00
18	会计电算化	7-301-23565-2	童 伟	49.00
19	政府与非营利组织会计	7-301-21504-3	张 丹	40.00
20	管理会计	7-81117-943-9	齐殿伟	27.00
21	管理会计	7-301-21057-4	肜芳珍	36.00
22	管理会计	7-301-26180-4	韩 鹏	32.00
23	中级财务会计	7-301-23772-4	吴海燕	49.00
24	中级财务会计习题集	7-301-25756-2	吴海燕	39.00
25	高级财务会计	7-81117-545-5	程明娥	46.00
26	高级财务会计	7-5655-0061-9	王奇杰	44.00
27	企业财务会计模拟实习教程	7-5655-0404-4	董晓平	25.00
28	成本会计学	7-301-19400-3	杨尚军	38.00
29	成本会计学	7-5655-0482-2	张红漫	30.00
30	成本会计学	7-301-20473-3	刘建中	38.00
31	税法与税务会计实用教程(第2版)	7-301-21422-0	张巧良	45.00
32	初级财务管理	7-301-20019-3	胡淑姣	42.00
33	财务会计学	7-301-23190-6	李柏生	39.00
34	财务管理学实用教程(第2版)	7-301-21060-4	骆永菊	42.00
35	财务管理理论与实务(第2版)	7-301-20407-8	张思强	42.00
36	财务管理理论与实务	7-301-20042-1	成 兵	40.00
37	财务管理学	7-301-21887-7	陈 玮	44.00
38	公司财务管理	7-301-21423-7	胡振兴	48.00
39	财务分析学	7-301-20275-3	张献英	30.00
40	审计学	7-301-20906-6	赵晓波	38.00
41	审计理论与实务	7-81117-955-2	宋传联	36.00
42	现代审计学	7-301-25365-6	杨 苗	39.00

如您需要更多教学资源如电子课件、电子样章、习题答案等,请登录北京大学出版社第六事业部官网 www.pup6.cn 搜索下载。

如您需要浏览更多专业教材,请扫下面的二维码,关注北京大学出版社第六事业部官方微信(微信号:pup6book),随时查询专业教材、浏览教材目录、内容简介等信息,并可在线申请纸质样书用于教学。

感谢您使用我们的教材,欢迎您随时与我们联系,我们将及时做好全方位的服务。联系方式:010-62750667,wangxc02@163.com,pup_6@163.com,lihu80@163.com,欢迎来电来信。客户服务QQ号:1292552107,欢迎随时咨询。